Belohnung nach einem anstrengenden Paddeltag: Sonnenuntergang über der Schlei

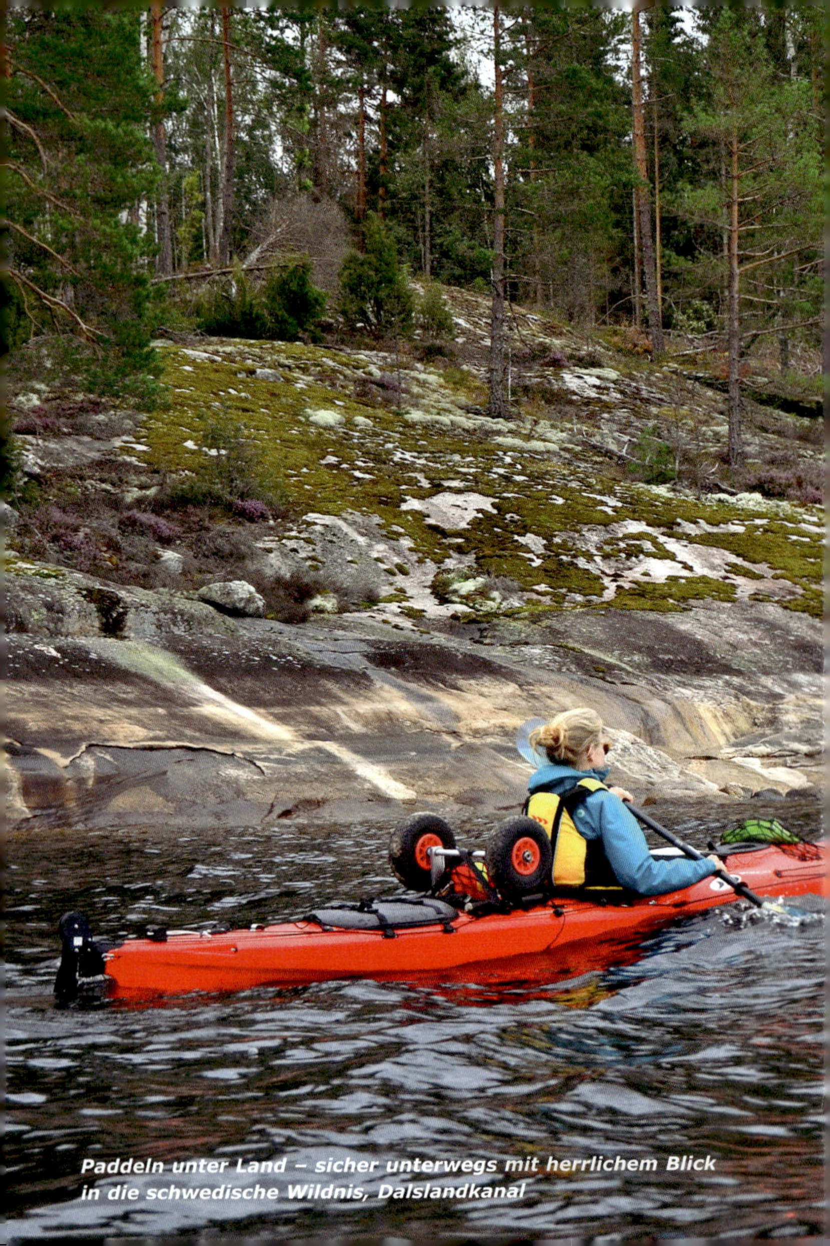

Paddeln unter Land – sicher unterwegs mit herrlichem Blick in die schwedische Wildnis, Dalslandkanal

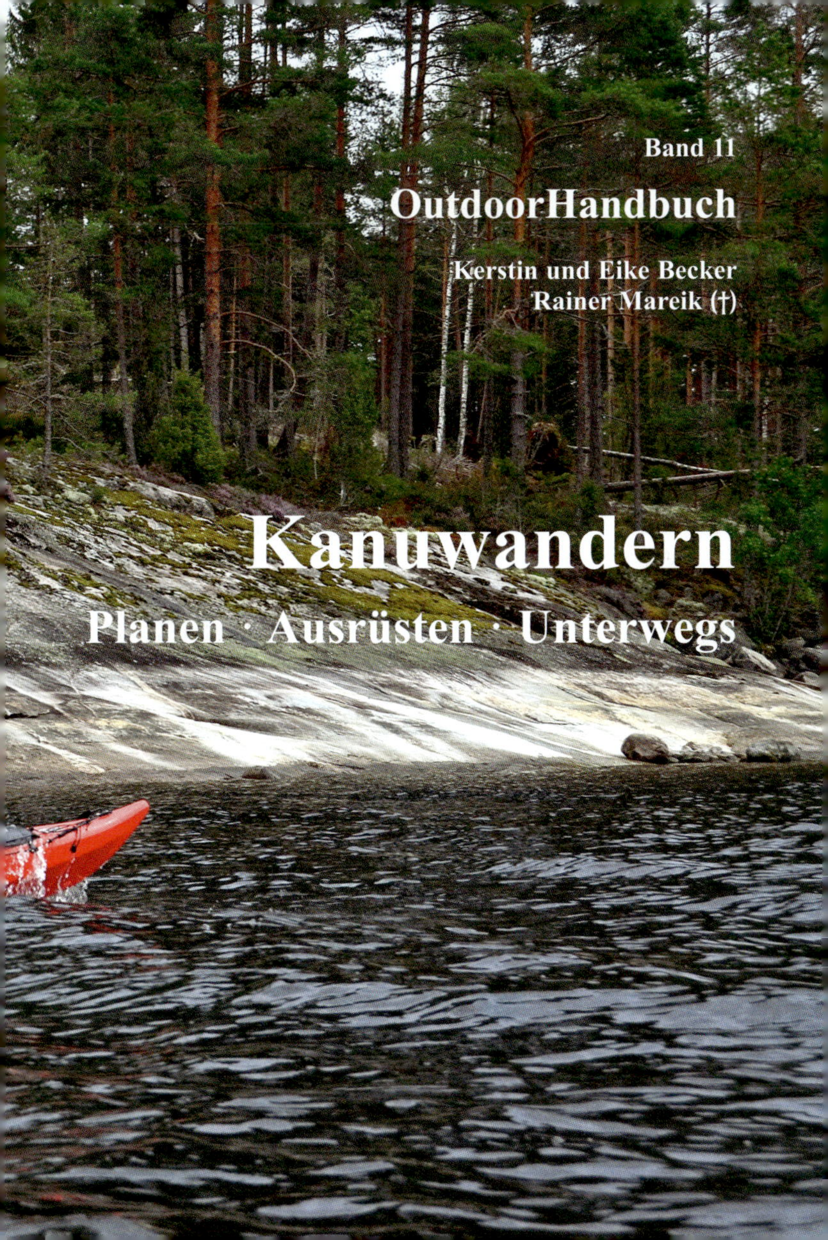
Band 11
OutdoorHandbuch
Kerstin und Eike Becker
Rainer Mareik (†)
Kanuwandern
Planen · Ausrüsten · Unterwegs

Kanuwandern

Alle Informationen, schriftlich und zeichnerisch, wurden nach bestem Wissen zusammengestellt und überprüft. Sie waren korrekt zum Zeitpunkt der Recherche. Eine Garantie für den Inhalt, z. B. die immerwährende Richtigkeit von Preisen, Adressen, Telefonnummern sowie Internetadressen, Zeit- und sonstigen Angaben, kann naturgemäß von Verlag und Autoren – auch im Sinne der Produkthaftung – nicht übernommen werden.

Die Autoren und der Verlag sind für Lesertipps und Verbesserungen (besonders per E-Mail) unter Angabe der Auflagen- und Seitennummer dankbar.

Dieses OutdoorHandbuch hat 128 Seiten mit 46 farbigen Abbildungen und 27 farbigen Illustrationen. Es wurde auf chlorfrei gebleichtem Papier gedruckt, in Deutschland klimaneutral hergestellt und transportiert und wegen der größeren Strapazierfähigkeit mit PUR-Kleber gebunden.

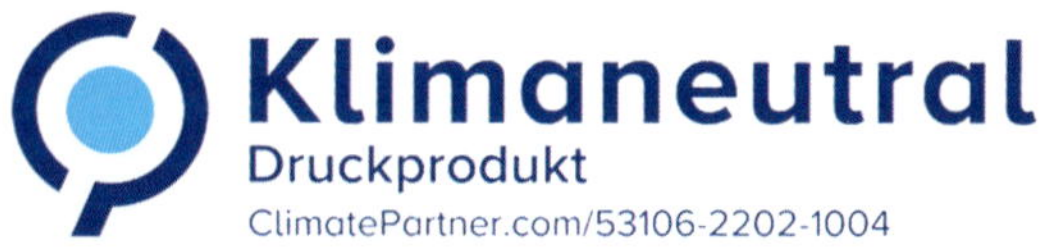

Dieses Buch ist im Buchhandel und in Outdoor-Läden erhältlich und kann im Internet oder direkt beim Verlag bestellt werden.

OutdoorHandbuch Band 11

ISBN 978-3-86686-663-8 1. Auflage 2022

Text: Kerstin und Eike Becker, Rainer Mareik (†)
Fotos: Kerstin und Eike Becker
Illustrationen: Manuela Dastig
Lektorat: Anna-Lena Ebner
Layout: Alexandra Sauerland und Manuela Dastig

Gesamtherstellung: AZ Druck und Datentechnik GmbH, Kempten

Dieses OutdoorHandbuch wurde konzipiert und redaktionell erstellt vom:

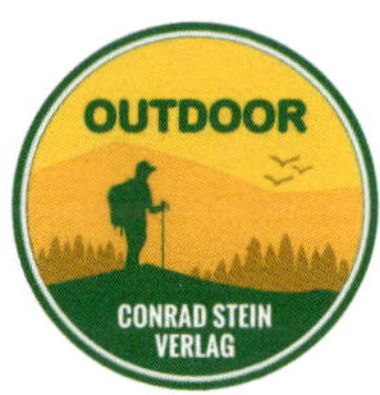

Conrad Stein Verlag GmbH, Kiefernstr. 6, 59514 Welver,
☏ 023 84/96 39 12,
info@conrad-stein-verlag.de,
www.conrad-stein-verlag.de

Besuchen Sie uns bei Facebook & Instagram:

 www.facebook.com/outdoorverlag

 www.instagram.com/outdoorverlag

Titelfoto: Idylle pur – Paddeln in Masuren, Polen

Inhalt

Einleitung

Nicht zuletzt durch die Pandemie hat das Paddeln eine echte Renaissance erfahren – die Wartelisten für den Kanukauf waren zuletzt lang und die Flüsse – auch bei schlechtem Wetter – gut besucht. Der Begriff „Microadventure" machte die Runde – also kleine Auszeiten vom Alltag, natürlich coronakonform, in der Umgebung. Und was passt besser in dieses Konzept als das Paddeln! Jeder, der schon einmal im Boot gesessen hat, wird bestätigen: Die Welt wirkt vollkommen anders aus der Wasserperspektive! Der kleine Fluss aus der Nachbarschaft wird vom Wasser aus zu einem verzauberten, dschungelartigen Ort. Rastplätze, die nur vom Wasser aus zugänglich sind, versprechen neue Aussichten. Was sonst schwer zu finden ist: An vielen Flüssen und Seen finden sich einfache Übernachtungsplätze – entweder von privat oder von Gemeinden betrieben –, die jedes Outdoor-Herz höher schlagen lassen. Sonne, Wiese, Feuerstelle: Was braucht man mehr, um den Alltag einmal hinter sich zu lassen?

Wem das noch längst nicht reicht – gut so!! Sowohl in Deutschland als auch in vielen Ländern rund um den Globus warten herrliche Paddelgebiete darauf, in mehrwöchigen Kanutrips erschlossen zu werden.

Mit diesem OutdoorHandbuch wollen wir Ihnen den Einstieg in die Welt des Kanuwanderns erleichtern. Wir richten uns in erster Linie an mehr oder weniger erfahrene Anfänger. Uns geht es darum, alle grundlegenden Informationen zusammenzustellen, die Sie bei der Vorbereitung und Durchführung einer mehrtägigen Kanuwandertour unterstützen mögen. Sicherheit, Spaß und verantwortungsvoller Umgang mit der Natur stehen für uns dabei an erster Stelle. Auf eine echte Wildnistour mit Expeditionscharakter und Wildwasserabenteuern in unerschlossenen Gebieten, wie z. B. auf dem Amazonas oder Kongo, wird Sie dieses Buch nicht vorbereiten.

Wer einfach mit Freunden und Familie eine schöne Kanuwandertour unternehmen möchte: Machen Sie sich auf den Weg! Wir hoffen, Ihnen mit unseren Tipps den Einstieg in diese wundervolle Art, Urlaub zu machen, ein wenig zu erleichtern.

Boote und Zubehör

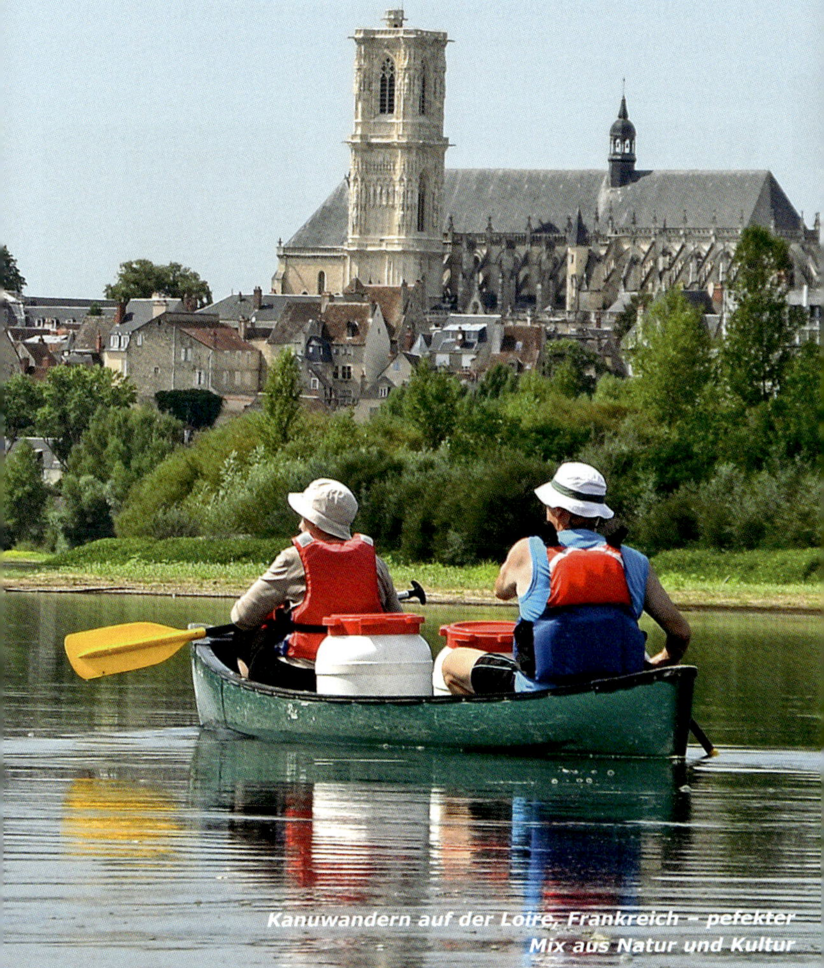

Kanuwandern auf der Loire, Frankreich – pefekter Mix aus Natur und Kultur

Das Kernstück jeder Kanuwanderfahrt ist sicherlich das Kanu.

Die Bezeichnung Kanu ist – entgegen landläufig häufig abweichend gebrauchter Prägung – der Oberbegriff für alle Boote, die in Blickrichtung mit einem Paddel fortbewegt werden.

Im Gegensatz zu Ruderbooten, die in der Regel entgegen der Blickrichtung gefahren werden, sind die Paddel dabei frei, also nicht mit dem Boot verbunden.

Kajak vs. Kanadier

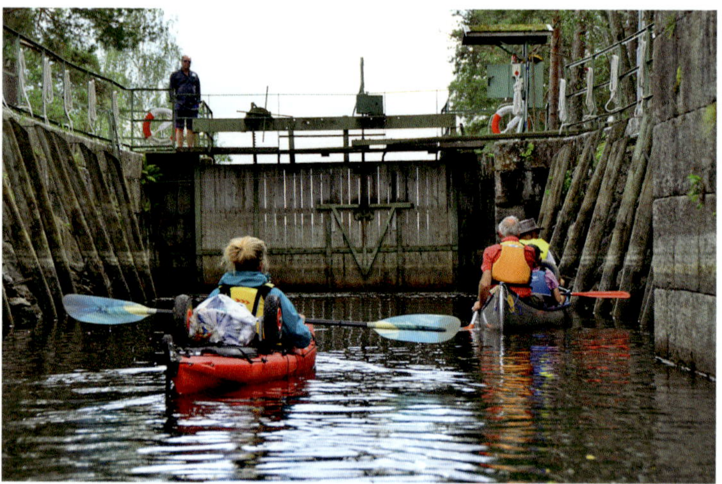

Für das Kanuwandern eignen sich sowohl Kanadier als auch Kajaks. SUPs zählen im Tourenbereich sicher eher zu den Exoten, gehören aber auch zum Kanusport.

Kanadier

Der klassische Wanderkanadier ist ein offenes Boot für zwei bis drei Personen, das mit Stechpaddeln vorwärtsbewegt wird. Gesteuert wird mittels Paddelschlägen von der hinteren Sitzposition aus, für bestimmte Manöver zusätzlich unterstützt durch Steuerschläge vorn. Es bietet viel Platz für Gepäck, das in der

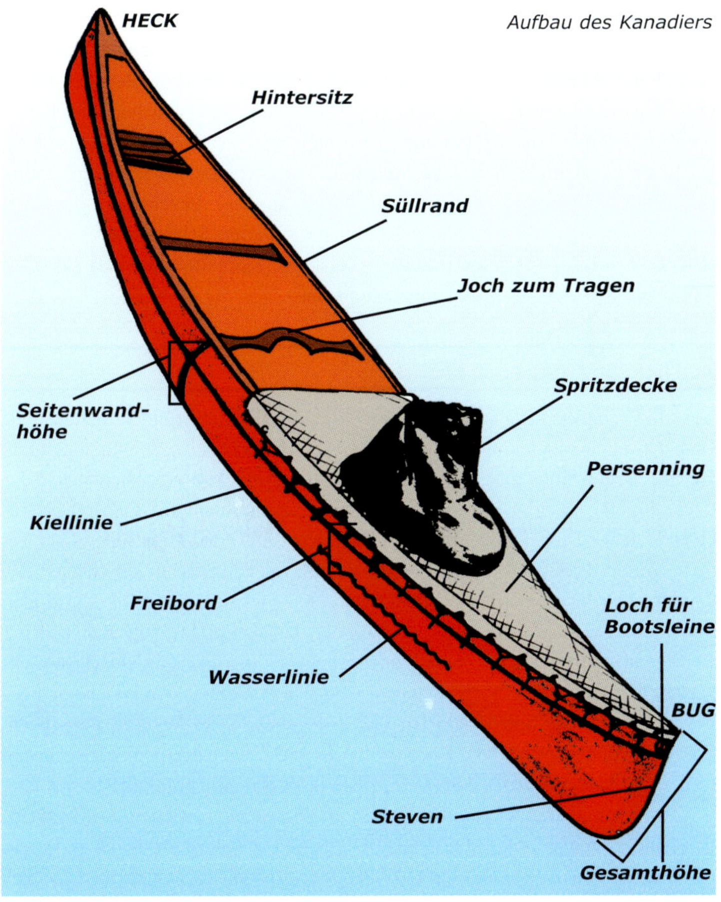

Bootsmitte möglichst wasserfest verstaut wird und von allen Positionen heraus auch während der Fahrt leicht zugänglich ist. Das Beladen geht schnell von der Hand, wobei es sich empfiehlt, sämtliche Ausrüstungsgegenstände vorab in wasserdichten Säcken, Kisten oder Tonnen zu verpacken, damit sie nicht einzeln durchs Boot rollen oder durch Wind und Welle über Bord gehen.

Bedingt durch die offene Bauweise sind natürlich auch alle Mitfahrer dem Wetter extrem ausgesetzt – wunderbar fürs Sonnenbaden, bei starkem Dauerregen aber auch schon einmal eine echte Herausforderung für die Regenkleidung. Die Sitzposition ist erhöht und kann variiert werden – Beine mal angewinkelt, mal ausgestreckt oder kniend. Ein- und Ausstieg sind problemlos möglich. Kinder haben ein wenig mehr Bewegungsfreiheit als im geschlossenen Boot (was natürlich nicht bedeutet, dass sie auf- und abrennen können). Bezahlt wird der Komfort mit eher gemütlichem Tempo und einem höheren Schwerpunkt, was eine stärkere Windanfälligkeit und einen schnelleren Kipppunkt bewirkt. Bis zum Kipppunkt ist das Bootsgefühl angenehm stabil.

Kajak

Das klassische Wanderkajak ist ein geschlossenes Boot mit runden Sitzluken für ein bis zwei Personen und festen, geschlossenen Seekästen vorne und hinten fürs Gepäck. Selten findet man auch Kajaks mit einer dritten Luke, die allerdings in der Regel für Tagestouren gedacht sind, da sie kaum Raum für Gepäck bieten. Gepaddelt wird mit Doppelpaddeln. Die Steuerung erfolgt entweder über ein Steuerruder, das über Fußpedale bedient wird, oder mittels Steuerschlägen des Paddels. Der Sitz hat eine Rückenlehne und befindet sich direkt auf dem Boden des Bootes, wodurch ein tiefer Schwerpunkt und damit eine gute Stabilität mit niedrigem Kipppunkt erreicht wird, auch wenn es sich zunächst deutlich wackeliger anfühlt. Aber keine Sorge – sobald man sich erst einmal ein bisschen eingefahren hat, verschwindet dieses Unsicherheitsgefühl in der Regel relativ schnell. Die Sitzposition ist durch das Boot vorgegeben. Die Beine werden dabei o-beinig rechts und links unter den Süllrand geklemmt, wodurch man die beste Stabilität und einen guten Kontakt zum Boot herstellt. Die einzige Variation besteht darin, die Beine zwischendurch aufzustellen und die Knie aus der Luke ragen zu lassen. Die Gepäckmenge ist durch die Größe der Seekästen beschränkt. Im 1er-Kajak sind sie aber durchaus großzügig bemessen, sodass auch die Flasche Wein nicht zu Hause bleiben muss. Schwieriger wird es da schon mit dem Volleyball. Dafür ist das Gepäck sicher und trocken verstaut und geht auch im Kenterfall nicht auf die Reise. Im 2er-Kajak wird es da schon enger. Hier kommt man bei längeren Touren kaum darum herum, auch Ausrüstung – entsprechend wasserdicht verpackt – auf Deck zu schnallen. Dank der geschlossenen Bauweise sind nicht nur

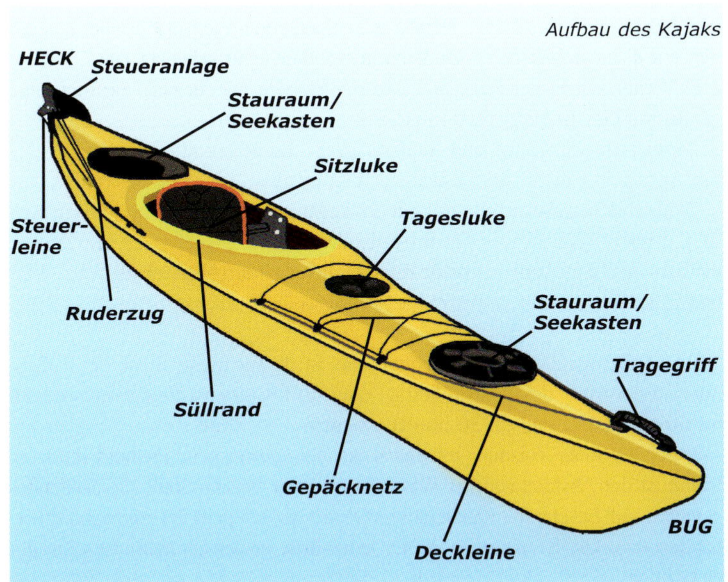

Aufbau des Kajaks

Gepäckstücke, sondern auch alle Mitpaddler gut vorm Wetter geschützt verpackt. Mit Spritzdecke versehen ist es auch bei Dauerregen gemütlich. Herausfordernd gestaltet sich das Ein- und Aussteigen. In flachem Wasser ohne Brandung kein Problem, wenn es aber gilt, vom Steg oder von einer steilen Böschung trocken ins Boot zu gelangen, erfordert das schon ein wenig Übung. Belohnt wird man mit einem flotten Fahrtempo und geringer Windanfälligkeit, sodass auch offene Gewässer – passende Wetterbedingungen vorausgesetzt – sicher befahren werden können.

Maße und Formen

Die Form und Bauweise von Kanus hat einen entscheidenden Einfluss auf die Geschwindigkeit, Wendigkeit, Kippstabilität und Windanfälligkeit. Nun könnte man denken, wunderbar – dann suchen wir einfach das Kanu mit den besten Werten in allen Kategorien aus.

Aber leider – wie so oft – bezahlt man einen guten Wert in einer der Kategorien mit einem schlechteren Wert in einer anderen. So erreicht man z. B. eine gute Wendigkeit in der Regel bei kürzeren Booten und bezahlt dies mit einer geringeren Geschwindigkeit.

Vereinfacht gilt: Länge läuft – Kürze kurvt – Breite bremst.

Während die schmaleren Kajaks in der Regel zwischen 60 cm und 80 cm **breit** sind, erreichen Kanadier in der Breite mindestens 80 cm, oft auch 90 cm oder mehr. In der Länge variieren beide Bootsformen im Tourenbereich zwischen 4,50 und 5,50 m.

Die **Seitenwandhöhe** bei Kanadiern (das ist die niedrigste Stelle der Außenwand in der Mitte des Bootes) beträgt etwa 30 bis 40 cm, die Gesamthöhe 50 bis 60 cm. Kajaks sind ca. 30 bis 40 cm hoch.

Auch bei voller Zuladung müssen Kanus über ausreichend **Freibord** verfügen. Damit ist der Abstand von der Wasserlinie bis zur tiefsten Stelle des Süllrandes gemeint. Voll besetzt mit Paddlern und Gepäck sollten gern 20 cm Freibord vorhanden sein. Die Hersteller geben für jedes Boot immer ein maximales Zuladegewicht an.

Ein hoher Freibord erhöht die Zuladungskapazität, aber auch die Windanfälligkeit.

Das Gewicht des Bootes ist vom Material abhängig und liegt für einen 2er-Kanadier zwischen 20 und 40 kg. Ein 1er-Kajak wiegt zwischen 20 und 30 kg. Mit Bootswagen und gut ausgebauten Umtragestrecken ist das Gewicht des Bootes von geringerer Bedeutung, beim Umtragen im Gelände zählt hingegen jedes Kilo!

Es ist vor allem das **Verhältnis von Länge zu Breite**, das die Geschwindigkeit bestimmt. Lange, aber **schmale Boote** sind schnell und kursstabil („Länge läuft"), besitzen allerdings eine geringere Anfangsstabilität, d. h., sie sind beim Einsteigen etwas kippelig. Dieses geringe „Stehvermögen" ist bei Booten mit **V-Spant** besonders ausgeprägt. Unter Fahrt besitzen solche Boote aber eine hohe Endstabilität (= Seitenlagenstabilität): Selbst wenn man schon kippt, kann man sich durch eine Paddelstütze noch leicht retten (☞ Grundlegende Paddeltechniken, Kanadier, Notfallschläge).

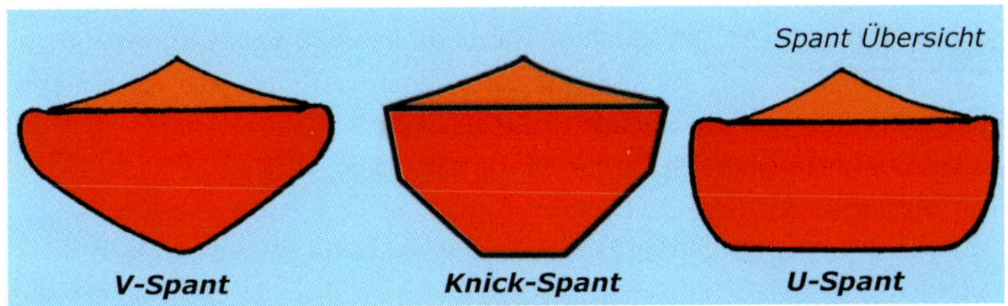

Breite Boote mit deutlichem **U-Spant** besitzen eine hohe Anfangsstabilität (= Kippsicherheit), sind beim Kentern aber ab einem gewissen Punkt kaum wieder aufzurichten (geringe Endstabilität). Kanus dieser Bauart lassen sich leichter steuern und reagieren beweglicher.

Zwischen diesen beiden Extremen gibt es fließende Übergänge. So verfügen beispielsweise die meisten Seekajaks von Prijon über einen **Knickspant**, der einen Kompromiss zwischen U- und V-Spant darstellt.

Die Bauweise von Steven und Kiellinie ist ein weiterer Faktor, der die Manövrierfähigkeit, Geschwindigkeit und das Verhalten bei Wellen beeinflusst.

Ist der **Steven** aufgeholt und abgerundet, so ragen Heck und Bug des Kanus etwas aus dem Wasser. Die **Kiellinie** ist bei diesen Booten meist gekrümmt und

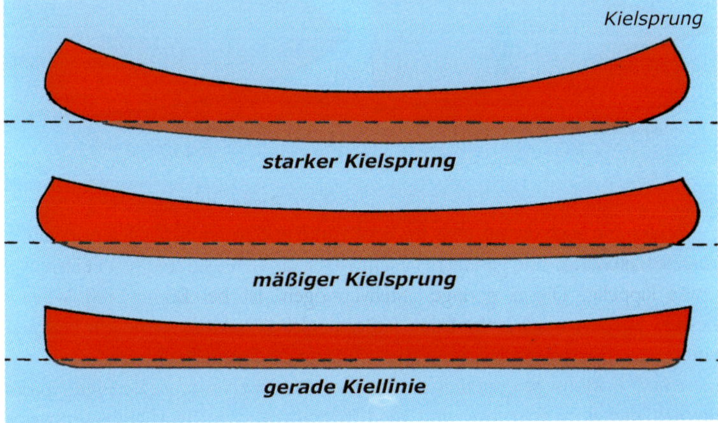

das „Unterwasserschiff" relativ kurz. Solch ein Kanu ist wendig und steigt gut über Wellen hinweg. Es ist z. B. gut für Wildwasserfahrten oder für schmale, schnell fließende und mäandernde Flüsse geeignet.

Ein Boot mit gerader Kiellinie (d. h. langem „Unterwasserschiff") und niedrigem Steven ist dagegen ein besserer Geradeausläufer und ermöglicht höhere Geschwindigkeiten. Zusätzlich kann außerdem ein niedriger Kiel vorhanden sein. Diese Kanus sind nicht so windanfällig und schneiden durch Wellen hindurch. Bei mittlerem Wellengang liegen sie ruhig im Wasser, da die Wellen sauber nach außen geteilt werden. So sollte ein Boot für große Gewässer aussehen. Zwischen diesen beiden Extremen gibt es wieder alle Übergänge.

Beim Kauf sollten Sie beachten, dass eine gekrümmte Kiellinie manchmal kaum zu erkennen ist. Es handelt sich nur um wenige Zentimeter Höhenunterschied bei mehreren Metern Bootslänge.

Ein weiteres Kriterium ist die **Bugform**: Läuft das Boot spitz aus, schneidet es messerscharf durch das Wasser und bietet nur geringen Widerstand. Dafür steigt es wegen des geringen Bugvolumens schlecht über Wellen hinweg. Ein stumpfer Bug ist dagegen voluminöser und besitzt die entgegengesetzten Eigenschaften.

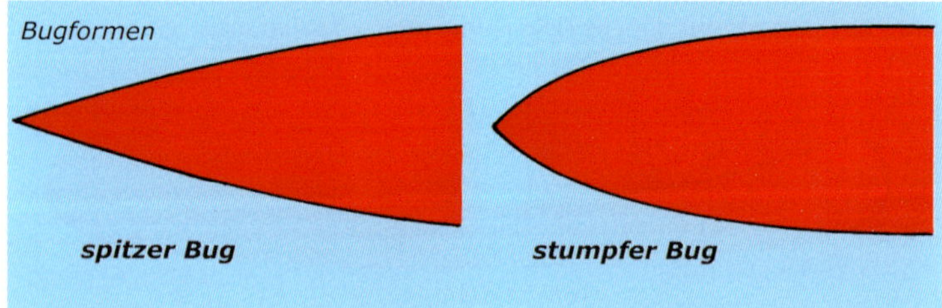

Achten Sie auch darauf, dass Ihr Boot vorne und hinten Schlaufen oder Griffe zum Tragen hat.

Wer Sorge um seine Kondition hat und sich ab und an gerne ein bisschen unterstützen lassen möchte, kann über ein Kanu mit **Spiegelheck** nachdenken, das mit einem E-Motor ausgestattet werden kann. Im Gegensatz zu Benzinmotoren, die laut und geruchsintensiv sind, sind E-Motoren sicher eine bedenkenswerte

Ergänzung für Einsatzgebiete mit guter Infrastruktur und Lademöglichkeiten (Campingplätze) oder für Tagestouren. Leider sind sie allerdings nicht ganz billig und schlagen mit zusätzlichem Gewicht zu Buche.

Materialien

Beim Bootsmaterial scheiden sich die Geister – kaum ein Thema wird unter Paddlern und Paddlerinnen bei der Wahl des eigenen Bootes so leidenschaftlich diskutiert, und das mit gutem Grund: Jedes Material hat seine spezifischen Vor- und Nachteile und jeder muss für sich entscheiden, was am besten zu den eigenen Vorlieben passt. Die genannten Preise sind nur als grobe Orientierung zu verstehen. So finden sich naturgemäß gerade bei Preisen oft deutliche Ausreißer – sowohl nach oben als auch nach unten. Die Angaben zu Gewicht und Preis beziehen sich grundsätzlich auf Tourenkanus mit ausreichend Stauraum für Gepäck. Hin und wieder finden sich im Handel auch sehr günstige Angebote vor allem osteuropäischer oder chinesischer Hersteller. In Ermangelung einer Probemöglichkeit können wir zu der Qualität dieser Boote leider keine Aussage treffen. Hier heißt es: ausprobieren und Beratung vor Ort nutzen. Wer auf Nummer sicher gehen möchte, sucht im Zweifel lieber nach einem günstigen Gebrauchtboot namhafter Hersteller, z. B. über eBay Kleinanzeigen.

Holz

Holz ist der Klassiker unter den Bootsbaumaterialien und gleichzeitig heute ein echter Exot, der Liebhaberherzen höher schlagen lässt.

Holzkanus werden vorwiegend aus Holzstreifen gefertigt, die aufeinandergeleimt werden („woodstrip construction"). Sie werden zusätzlich mit einer durchsichtigen Kunststoffschicht überzogen, was die Haltbarkeit erhöht. Eine beliebte Selbstbautechnik ist die Stitch-and-Glue-Methode.

Im Wasser fahren sie leise und benötigen meistens keine Auftriebskörper, das Holz fühlt sich warm an. Boote aus Holz sollten trocken gelagert werden und sind nicht für den Einsatz im Wildwasser geeignet. Sie benötigen deutlich mehr Pflege als ihre Vettern aus Aluminium und Kunststoff. Das Ausbessern von Schäden erfordert die liebevolle Hand eines Bastlers und Platz und Werkzeug zum Schleifen und Lackieren.

Holzkanus werden nur von wenigen Herstellern angeboten und sind aufgrund des hohen Arbeitsaufwands sehr teuer (Kajaks ab ca. € 3.000, Kanadier ab ca. € 4.000). Gewicht Kanadier: zwischen 25 und 30 kg, Kajak: 18 bis 30 kg. Die meisten Kanus dieser Art werden von kleinen Bootsbaumanufakturen hergestellt.

Eine Alternative für handwerklich begabte Holzenthusiasten könnte im Selbstbau liegen. So wird im Internet eine große Auswahl an kompletten Bausätzen für alle möglichen Bootsformen angeboten. Preislich starten diese bei ca. € 1.200.

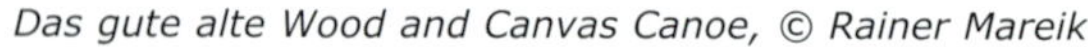

Das gute alte Wood and Canvas Canoe, © Rainer Mareik

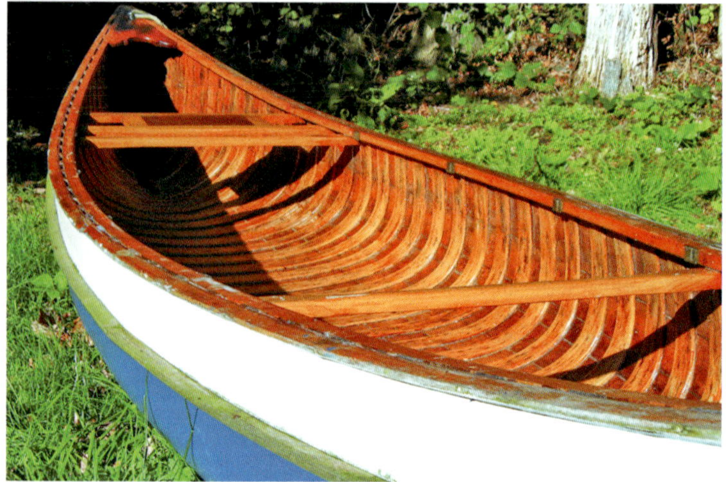

Aluminium

Besonders in Nordamerika und Skandinavien beliebt sind Kanadier aus Aluminium. Sie werden in der Regel aus hochwertigem Flugzeugaluminium hergestellt und sind meistens aus zwei Blechhälften in Längsrichtung zusammengenietet oder verschraubt.

Sie sind äußerst langlebig und angenehm zu fahren. Leise sind sie nicht: Sie scheppern laut, wenn die Wellen gegen den Rumpf schlagen oder wenn man beim Paddeln mal gegen das Boot stößt. Außerdem leiten sie die Kälte des Wassers nach innen – barfuß hat man so auch im Hochsommer immer kalte Füße.

Alu-Kanadier benötigen keine besondere Pflege, sind sehr robust und kleine Beulen können einfach herausgehämmert werden. Kommt es doch einmal zu einem Leck in der Bootswand, ist es allerdings nur äußerst schwer zu reparieren. Optional können sie mit einem Elektromotor versehen werden. Gewicht: 33-38 kg. Der schwedische Klassiker Inkas von Linder ist ab ca. € 1.800 erhältlich. Die dänische Bootsschmiede Osagian bietet z. B. 3er-Kanadier ab ca. € 1.600 an. Kajaks aus Aluminium werden nicht angeboten.

💻 https://de.linder.se

💻 https://www.osagian-garage.de

Im Alu-Kanadier komfortabel unterwegs im Fegengebiet, Schweden

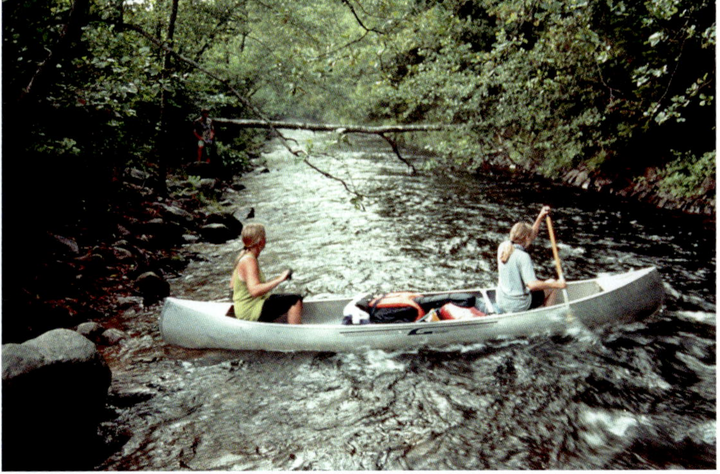

Polyethylen (PE)

Beim Bau von Kanus aus PE wird Polyethylen-Granulat in einer Form gebacken – das Boot wird also in einem Stück gefertigt. Die Oberfläche ist relativ weich und daher kratzempfindlich, aber zäh und hält Stöße gut aus. Es ist fast unzerbrechlich und auf jeden Fall das Boot der Wahl, wenn man mit Schulklassen unterwegs sein möchte. Diese Unverwüstlichkeit wissen auch viele Verleiher zu schätzen, die gern Kanus aus PE anbieten.

Boote aus PE sind gute, durable Allrounder, die preislich meist günstiger sind als die Konkurrenz aus Laminaten. Nachteile sind das höhere Gewicht und die geringere UV-Stabilität.

Kanadier aus PE kosten ca. € 1.400-1.800, Gewicht: 35-40 kg, Hersteller sind z. B. Gatz, Lettmann, Mad River, Venture, Old Town, Hou.

Kajaks aus PE (1-er) kosten ca. € 1.200-1.800, Gewicht: 23-27 kg, Hersteller sind z. B. Prijon, Lettmann, Old Town (Necky), P&H, Wilderness.

💻 https://secure.kanu-gatz.de
- ♦ https://lettmann.de/
- ♦ https://www.madrivercanoe.com/eu/de
- ♦ https://www.venturekayaks.com/
- ♦ https://www.oldtowncanoe.com/
- ♦ https://www.houcanoes.com/
- ♦ https://www.prijon.com
- ♦ https://www.wildernesssystems.com
- ♦ https://www.phseakayaks.com

Laminate

Unter die Laminate fällt im Kanubau z. B. das klassische GFK (glasfaserverstärkter Kunststoff). Diese Verbundstoffe bestehen aus einer Kombination aus Fasermaterial und Kunstharzen. Neben der Glasfaser (GFK) werden für den modernen Bootsbau auch Kevlar und Carbonfasern verwendet. Gemein haben die unterschiedlichen Materialien, dass sie ausgesprochen leicht sind. Je nach Hersteller kommen auch verschiedene Materialmixe zum Einsatz, bei denen Lagen aus unterschiedlichen Fasermaterialien kombiniert werden. Insgesamt sind die Boote aus Laminaten etwas empfindlicher als Kanus aus PE und verzeihen ein herzhaftes Auflaufen auf spitze Steine weniger gut. Im Gegensatz zu PE ist allerdings eine Reparatur möglich. Da die Herstellung vorwiegend Handarbeit erfordert, sind Kanus aus Laminaten in der Regel teurer als Boote aus PE.

Kanadier aus Laminaten kosten ca. € 1.700-2.800, Gewicht: 23-36 kg, Hersteller sind z. B. Gatz, Lettmann, Fuchs.

Kajaks aus Laminaten (1-er) kosten ca. € 1.600-3.000, Gewicht: 18-24 kg, Hersteller sind z. B. Prijon, Lettmann, P&H, Wilderness, Norse.

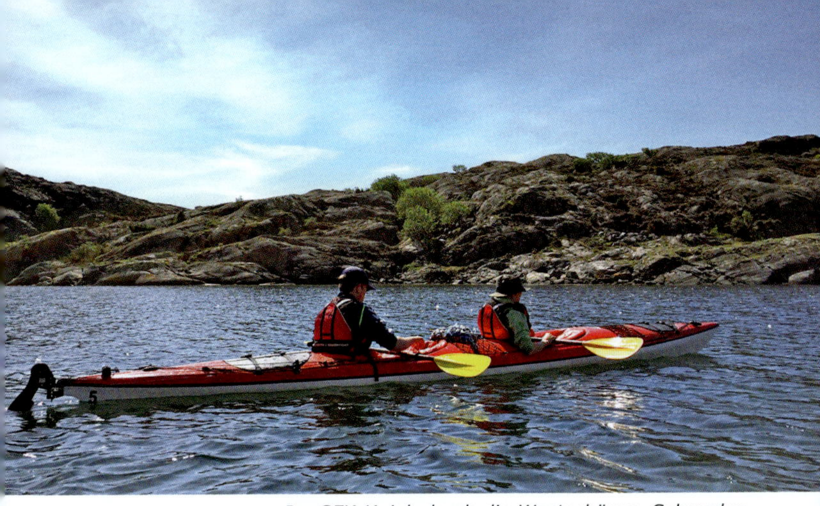

Im GFK-Kajak durch die Westschären, Schweden

- 💻 https://secure.kanu-gatz.de
- ♦ https://lettmann.de
- ♦ https://www.prijon.com
- ♦ https://www.phseakayaks.com
- ♦ https://www.wildernesssystems.com
- ♦ https://www.norsekayaks.com

Weitere Kunststoffe, Neuentwicklungen

Der im Kanadier-Bereich ehemals sehr beliebte Werkstoff Royalex wird nicht länger hergestellt, sodass man hier höchstens noch auf dem Gebrauchtmarkt fündig wird. Ein Nachfolger mit ähnlichen Eigenschaften (haltbar, steif, leichter als PE) ist Armerlite. Das Armerlite-Material ist ein Thermocomposite aus Glas- und Polypropylenfasern. Preislich beginnen die Kanadier ab ca. € 2.600, Gewicht: ca. 33 kg.

Im Kajak-Bereich bietet Prijon Boote aus dem neuen Prilite-Material an, das eine Kombination aus ABS und einer Plexiglasversiegelung darstellt und in Bezug auf Robustheit und Gewicht einen Kompromiss zwischen PE und Laminaten ist. Der Preis beträgt um € 2.000, Gewicht: 18-23 kg.

💻 https://www.prijon.com

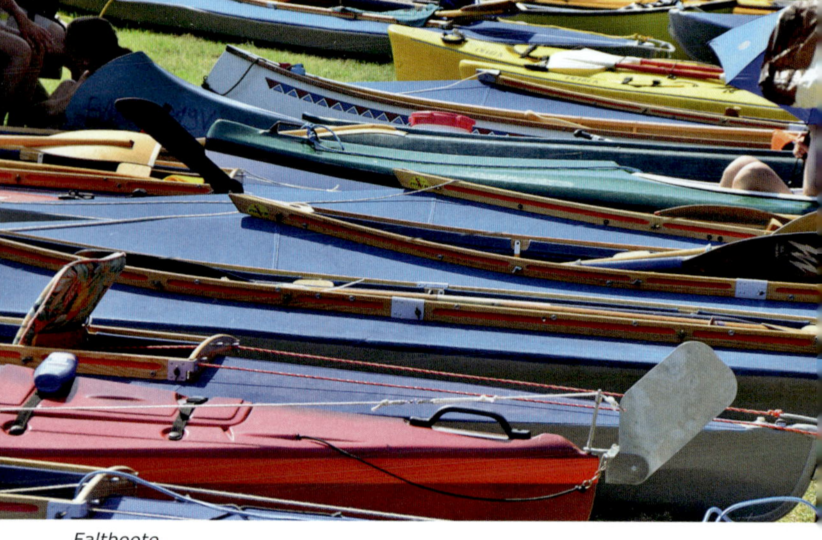

Faltboote

Faltboote

Für alle Paddler, die nicht über Lagerungsmöglichkeiten für über 5 m lange Boote verfügen, stellt dieser Bootstyp eine gute Alternative dar. Faltboote verfügen über eine Außenhaut, meist aus einer PVC- und PU-Mischung, und ein Gestänge aus Holz oder Aluminium. Mit etwas Übung ist der Aufbau in ca. einer halben Stunde geschafft.

Die Vorteile liegen auf der Hand – neben der platzsparenden Lagerung, können Faltboote bequem im Kofferraum transportiert werden. Selbst eine Flugreise ist möglich – oftmals kann ein Faltboot kostengünstig als Sportgepäck aufgegeben werden. Sie haben eine ausreichend hohe Zuladung auch für lange Touren und verfügen über gute Fahreigenschaften – wenn auch etwas langsamer als z. B. leichte Feststoffboote aus Laminaten. Allerdings sind sie auch pflegeintensiver und empfindlicher. Grundkontakt jeglicher Art gehört zu den Dingen, die man seinem Faltboot nicht zumuten sollte. Ein Reparaturkit gehört auf jeder Tour ins Gepäck. Be- und Entladen besonders schwerer Gepäckstücke erfolgt vorzugsweise erst, wenn das Boot bereits zu Wasser gelassen wurde. Bei Touren mit Umtragestellen empfiehlt sich, das Faltboot nur unbeladen per Bootswagen zu transportieren. So kommt man nach dem langen Sitzen auch zu einem schönen Spaziergang mit Gepäck.

Falt-Kanadier kosten ca. € 1.900-3.300, Gewicht: 21-40 kg, Hersteller sind z. B. Pouch, Ally, Pakboats.

Falt-Kajaks (1-er) kosten € 2.400-3.300, Gewicht: 19-28 kg, Hersteller sind z. B. Pouch, Klepper, Nortik.

- https://www.poucher-faltboot.de
- https://www.ally.ch
- https://www.pakboats.com
- https://klepper.de
- https://www.faltboot.de (Nortik)

☺ Viele nützliche Informationen rund ums Faltboot sammelt die Faltbootgemeinde im Internet in einem Faltbootwiki unter www.faltboot.org.

Paddel

Neben dem Boot das wichtigste Ausrüstungsstück – ohne Paddel läuft nichts. Die Wahl des richtigen Paddels hat entscheidenden Einfluss auf den Genuss Ihrer Tour.

Das perfekte Paddel passt proportional zum Körper des Paddlers, ist stabil und gleichzeitig möglichst leicht. Während es im Kanadier im Bewegungsablauf auch immer vom Wasser getragen wird, trägt man das Doppelpaddel im Kajak den ganzen Tag in Brusthöhe – ein zu schweres Paddel kann dabei schnell zur spontanen Kürzung der Tagesetappe führen. Natürlich dient es in erster Linie dem Vortrieb, wird aber erfahrungsgemäß häufig zweckentfremdet, z. B. um das Boot vom Ufer abzustoßen oder um nach vorn zu staken, wenn man auf Grund gelaufen ist. Auch zum Aufspannen eines Tarps kann es prima verwendet werden. Es muss also eine ganze Menge ertragen und es lohnt sich, an dieser Stelle nicht zu sparen.

Kanadierpaddel

Das Stechpaddel sollte dem Kanuten in Aktion bis zum Kinn reichen. Da das Verhältnis Oberkörper zu Beinlänge unterschiedlich sein kann, mag sich derjenige, der es genau wissen will, in einen Kanadier knien. Nun wird das Paddelblatt ganz in das Wasser eingetaucht. Der Schaft reicht bei richtiger Länge bis zum Kinn. Im Stehen (ohne Schuhe) sollte das Paddel zwischen Brustbein und Kinn enden.

Für die hintere Sitzposition im 2er-Kanadier kann man ein etwas längeres Paddel wählen, um die Effektivität der Steuerschläge zu steigern.

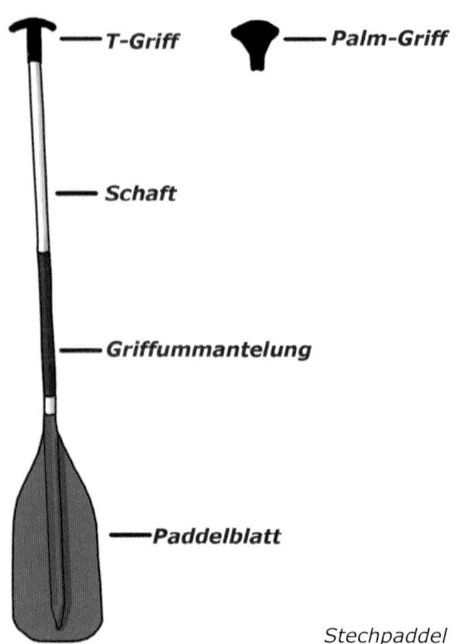

Stechpaddel

Wanderpaddel haben in der Regel eine etwas kleinere Fläche als **Wildwasserpaddel**. Das Paddelblatt kann symmetrisch oder asymmetrisch sein. Der Paddelschaft ist entweder oval oder rund und kann auch als teilbare Variante gewählt werden – besonders für Ersatzpaddel, die während der Tour verstaut werden wollen, eventuell eine sinnvolle Variante. Mit dem Griff des Stechpaddels wird die Blattstellung kontrolliert. Hier kann man zwischen T-Griff und Palm-Griff wählen.

Sie sollten verschiedene Paddelformen ausprobieren, um festzustellen, welche Ihnen am meisten zusagen.

Paddel aus Holz sind leicht, schwimmen gut und fühlen sich warm an. Ein beschädigtes Holzpaddel allerdings zieht Wasser und wird dadurch überraschend schwer – hier ist also Sorgfalt und regelmäßige Pflege gefragt. Bei Paddeln aus Kunststoff kommen solche mit Schaumkern infrage. Durch ihren Auftrieb und ihr geringes Gewicht liegen sie gut in der Hand. Sie sind pflegeleicht und halten lange. Für Wildwasser sind sie an den Kanten mit Aluminium verstärkt. Weiterhin gibt es gute Paddel aus Aluminium, Kevlar oder Carbonfasergewebe. Die Preise liegen zwischen € 50 und 140. Für ein Highend-Vollcarbon-Paddel werden auch schnell € 300 erreicht.

☺ Auf einer Wandertour sollte man immer ein gut angebundenes Ersatzpaddel mitführen, obwohl im Notfall auch eine Schaufel oder ein Brett Ersatz sein können.

Kajakpaddel

Die Länge des **Doppelpaddels** hängt einerseits von der Größe des Paddlers und andererseits von der Breite des Kajaks ab. Als einfache Faustformel und erste Orientierung kann hier die Regel gelten: max. Paddellänge = Körperlänge plus ausgestreckter Arm.

Doppelpaddel

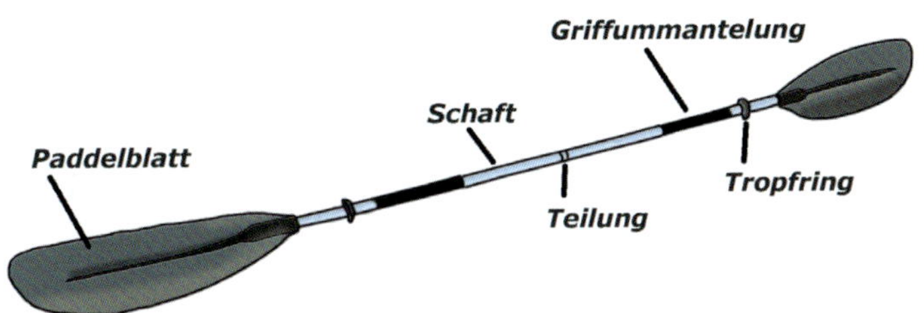

Eine gute Orientierung bietet auch die folgende Tabelle.

Körpergröße	Bootsbreite		
	50 – 59 cm	60 – 67 cm	> 68 cm
< 170 cm	210 – 215 cm	215 – 220 cm	220 – 230 cm
170 – 180 cm	215 – 220 cm	220 – 225 cm	225 – 240 cm
180 – 190 cm	220 – 225 cm	225 – 230 cm	230 – 240 cm
> 190 cm	225 – 235 cm	230 – 240 cm	230 – 240 cm

Wie immer gilt, Probieren geht über Studieren! Die Länge des Paddels hat auch Einfluss auf die persönliche Paddeltechnik, so paddelt man mit einem kürzeren Paddel mit höherer Frequenz und steilerem Winkel, dafür einem geringeren Kraftaufwand und umgekehrt. Recht hat, wer sich mit seinem Paddel wohlfühlt!

Kanuschäfte gibt es in runder und ovaler Form. Außerdem kann man sich entscheiden, ob man ein teilbares Paddel oder ein festes Paddel wählt. Der Vorteil beim teilbaren Paddel liegt neben praktischen Erwägungen zu Aufbewahrung und

Transport auch darin, dass man den **Drehwinkel** individuell einstellen und z. B. je nach Windstärke anpassen kann. Die nicht genutzte Paddelseite wird beim Fahren wie ein Segel durch den Gegenwind gedrückt, was je nach Windlage auf Dauer überraschend anstrengend sein kann. Ohne oder mit wenig Wind mag es hingegen angenehmer sein, den Drehwinkel zu reduzieren, um die Handgelenke zu entlasten.

Der Nachteil kann darin liegen, dass die Verbindung eine Schwachstelle ist und der Schaft dadurch weniger robust ist. Bei festen Paddeln liegt der Drehwinkel meist bei 45 Grad.

Zum Material ☞ Kanadierpaddel. Preislich liegen Doppelpaddel zwischen € 90 und 350. Günstigeren Paddeln fehlt es oft an Ausdauer, teurer geht natürlich immer. Unserer Erfahrung nach lohnt es sich, an dieser Stelle nicht zu sparen. Aber aufgepasst, wer einmal mit einem teuren Leichtgewichtpaddel unterwegs war, findet den Weg zu den preiswerteren Alternativen nicht mehr zurück.

Schwimmweste

Ohnmachtssichere Weste

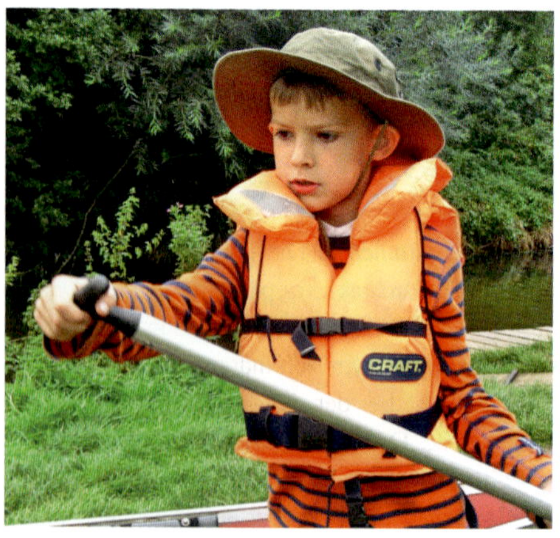

Nach dem Paddel ist die Schwimmweste der (lebens-) wichtigste Begleiter im Kanu. Im Paddelsport bietet sich die Verwendung von **Schwimmhilfen** an, die es ermöglichen, das Boot zu bergen und an Land zu schwimmen. Ohnmachtssichere Rettungswesten sind eher hinderlich. Im Fall einer Kenterung sind sie stets bestrebt, den Schwimmer auf den Rücken zu drehen – für Nichtschwimmer sind sie aber ein Muss!

Die Schwimmweste muss für Ihr Körpergewicht inkl. Bekleidung ausgelegt sein und darf im Wasser nicht hochrutschen. Das würde die Wirkung der Weste reduzieren und beim Schwimmen hinderlich sein. Besonders geeignet sind solche, die sich mit Gurten in der Weite verstellen lassen. Man kann sie anpassen, je nachdem wie viel Kleidung Sie tragen.

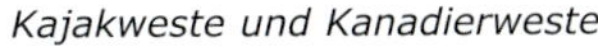

Kajakweste und Kanadierweste

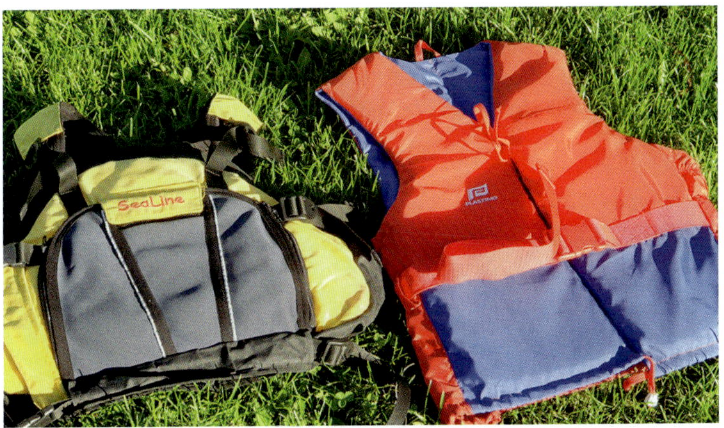

Kajakwesten sind zudem kürzer, um den Bewegungsablauf in der Sitzluke nicht zu behindern und ein bequemes Tragen über der Spritzdecke zu ermöglichen.

Probieren Sie Ihre Schwimmweste vor dem Kauf auf jeden Fall an und machen Sie dabei übliche Paddelbewegungen. Nur eine bequeme Schwimmweste, die nicht scheuert, wird gern getragen und nicht als unnötige Last empfunden. Es gibt auch speziell geschnittene Frauenwesten. Taschen für Kleinkram sind zudem ebenso wie die zusätzliche Wärme auf dem Wasser sehr willkommen.

Eine Alternative zu den Feststoffwesten können automatische oder halbautomatische aufblasbare Westen sein. Vorsicht bei der Automatik – diese Westen werden bei Kontakt mit Wasser ausgelöst. Das kann beim Paddeln auch schon einmal unfreiwillig passieren. Halbautomatische Westen hingegen bieten eine gute Bewegungsfreiheit und sind trotzdem in der Regel komasicher. Nachteil: Sie müssen regelmäßig alle 2 Jahre von Fachpersonal gewartet werden.

Bootswagen

Immer wenn das Kanu über Landpassagen bewegt werden soll, empfiehlt es sich, solch ein zweirädriges Gefährt mitzunehmen. Wichtiger als das Gewicht ist die Stabilität des Wagens, denn man erreicht mit Boot und Gepäck zusammen durchaus 100 kg. Zu dritt im Kanadier natürlich auch deutlich mehr. Dieses Gewicht sollte der Bootswagen nicht nur aushalten, sondern er muss dann auch noch über Stock und Stein geschoben werden können.

Achten Sie daher auf stabile Konstruktion, gut gelagerte Räder (keine Plastikbuchsen) und auf einen stabilen Gurt mit solider Schnalle zum Befestigen des Bootes. Vollgummireifen haben den Vorteil, dass man keinen Plattfuß bekommen kann.

Bootswagen

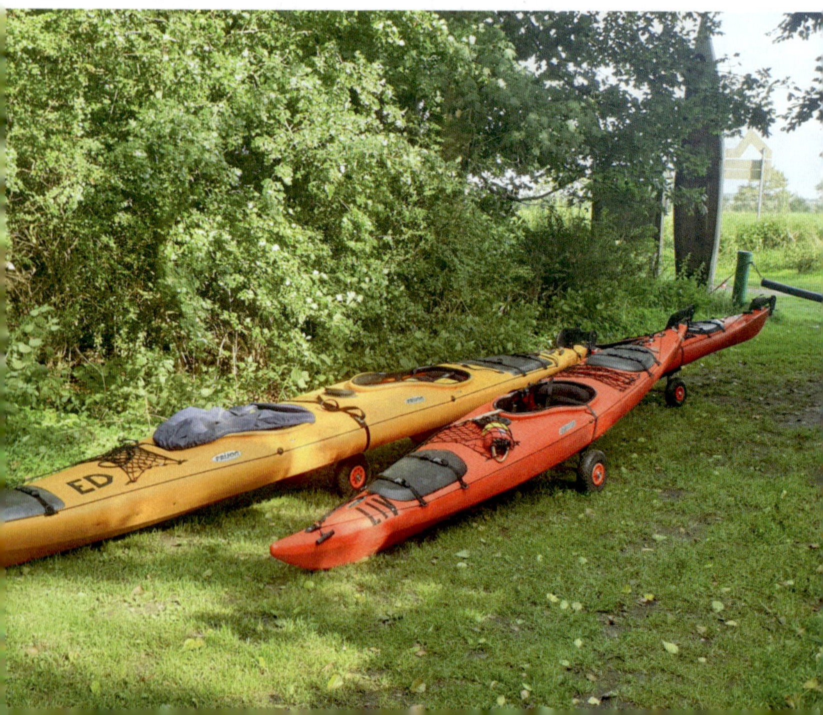

Der Bootswagen muss hoch genug sein, damit man in Senken nicht mit den Bootsenden aufschlägt. Gerade bei Touren mit kilometerlangen Umtragestellen ist ein höherer Bootswagen sinnvoll, damit man sein Gefährt nicht gebückt hinter sich herziehen muss. Gute Bootswagen sind relativ teuer (€ 70 bis 300). Beim gut sortierten Kanuverleih kann man Bootswagen gegen Aufpreis mieten. Für Faltbootfahrer lohnt sich auch die Anschaffung eines Bootswagens, der gleichzeitig als Schubkarre dient, da hier Gepäck und Kanu getrennt transportiert werden müssen.

☺ Unsere Bootswagen dürfen auf keiner Tour fehlen – denn auch ohne Umtragestelle kommen sie täglich zum Einsatz, um die Boote z. B. von der Aussatzstelle direkt zum Zelt zu transportieren – Ihr Rücken wird es Ihnen danken!

Spritzdecken, Persenning und Lukendeckel

Mit einer **Persenning** wird der sonst offene Kanadier oder das Faltboot zum geschlossenen Boot. Der Zahl der Paddler entsprechend hat eine Persenning Sitzlöcher, die wiederum mit einer Spritzdecke oder Schürze wasserdicht verschlossen werden können. Dabei fasst die Spritzdecke mit einem Gummizug um den wulstförmigen Rand der Persenning (Felgensüllrand). Andere Hersteller bieten dreiteilige Persenninge an, bei denen der mittlere Teil das Gepäck abdeckt und die anderen beiden Teile Persenning und Spritzdecke in einem sind. Sie werden mit Klettbändern am Süllrand befestigt. So bleibt der Kanadier bei Regen und Wellengang innen trocken (und mit ihm seine Insassen). Eine Persenning setzt auch die Windanfälligkeit herab. Sie kosten zwischen € 300 und 550.

In Kajaks mit Sitzluken kommen **Spritzdecken** zum Einsatz, die an den Schultern meist mit einem Latz befestigt sind und mit einem Gummizug um den Süllrand abschließen. Bei Regenwetter oder höherem Wellengang ein Segen, damit man gemütlich und trocken seine Tour genießen kann. Sie kosten zwischen € 30 und 150.

Für den wetterfesten Autotransport (☞ Boote und Zubehör, Transport) und für das Nutzen der Sitzluke als nächtliche Gepäckaufbewahrung während der Tour kann die Anschaffung eines **Lukendeckels** praktisch sein. Die Kosten liegen bei ca. € 30.

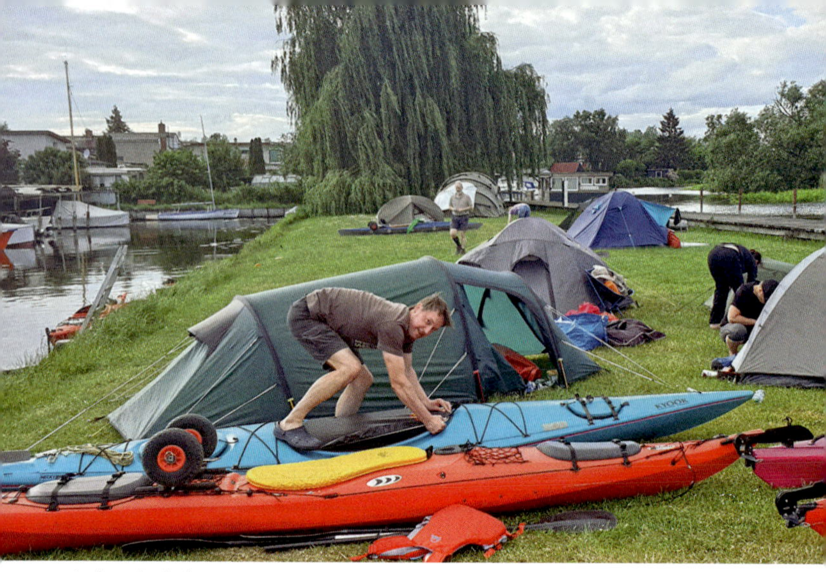

Lukendeckel

Wasserdicht verpackt

Wer sicher gehen möchte, dass er sich nach einer Kenterung oder einem kräftigen Regenguss wieder mit trockenen Kleidern versorgen kann und nicht etwa abends seinen Schlafsack auswringen muss, sollte sich unbedingt mit wasserdichten Gepäckstücken versorgen.

Für Kleidung, Schlafsack, Isomatte und Co. bieten sich hier **Trockensäcke** mit Rollverschluss aus PE-Gewebe an. Neben dem Klassiker von Ortlieb bieten auch eine ganze Reihe weiterer Firmen gute Modelle in allen nur erdenklichen Größen an, auch im Discounter oder Motorradbedarf kann man da schon einmal Glück haben. Kajakfahrer sollten sich die Lukengröße ihrer Kajaks anschauen und die Sackgröße entsprechend auswählen.

Im Zweifel sollten Sie Ihr Gepäck lieber in mehrere kleine Säcke packen – sonst bleibt nur, den leeren Sack in die Gepäckluke zu stecken und dann direkt im Boot zu packen. Die Trockensäcke sind übrigens erst wirklich wasserdicht, wenn man sie drei- bis viermal rollt, bevor man sie verschließt. Kosten: ca. € 16-40 je nach Größe.

Kanadierfahrer können sich zusätzlich auch mit **Kanutonnen** aus Hartplastik ausrüsten. Diese sind besonders praktisch, um Vorräte zu verstauen, die so weniger zerdrückt werden. Es gibt auch kleine Tonnen, die sich z. B. für empfindliche Geräte wie Kamera, Handy oder GPS anbieten. Außerdem sind sie auch eine wunderbare Sitzgelegenheit am Lagerfeuer. Kosten: € 10-70 je nach Größe.

Packsäcke

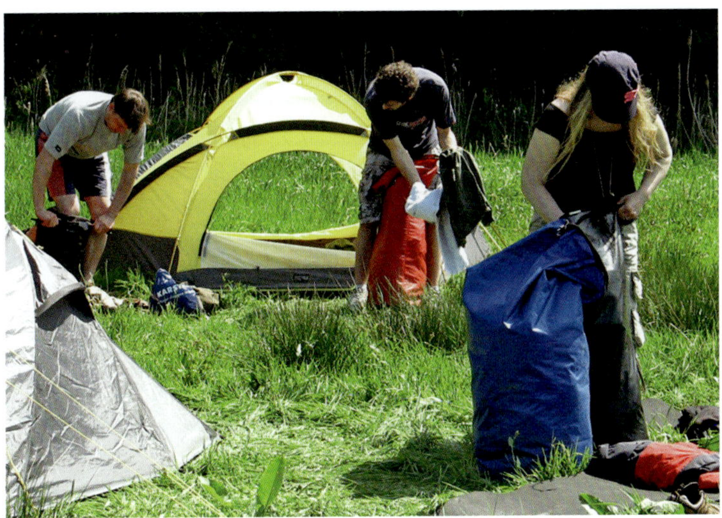

Alternativ können im Kanadier auch wasserdichte Kisten aus Aluminium, z. B. von Zarges, praktisch sein – ein Vorteil ist, dass sie abschließbar sind. Allerdings wird dafür auch der dreifache Preis einer gleich großen Weithalstonne fällig.

☺ Kanuverleiher bieten häufig auch Kanutonnen oder Trockensäcke zum Verleih an, sodass man sich für eine erste Probetour nicht zwangsläufig komplett selbst ausstatten muss. Auch stabile Müllsäcke können hier schon gute Dienste leisten.

Für seine Seekarten sollte man die Anschaffung einer durchsichtigen **Kartentasche** mit Rollverschluss in Betracht ziehen. Diese kann man an Bord befestigen, sodass sie nicht beim ersten Windstoß von Deck weht, und Regen und Wellengang können den Karten nichts mehr anhaben. Auch der Kanuführer findet darin Platz. Wählen Sie die Kartentasche nicht zu klein, damit ein vernünftiger Kartenausschnitt angezeigt werden kann. Kosten: € ca. 20.

Wer sein Handy gern immer zur Hand hat, um z. B. zu fotografieren oder zu navigieren, kann in eine wasserdichte **Smartphone-Hülle** investieren, die auch geschlossen noch touchfähig ist. Kosten: € ca. 18-30.

Sicherheitsausrüstung

Für den Fall der Fälle sollte man immer eine **Signalpfeife** für akustische Notsignale (3 Pfiffe – Pause – 3 Pfiffe usw.) mitführen. **Achtung**: Normale Trillerpfeifen funktionieren nicht, sobald sie nass sind. Im Bootsbedarf gibt es geeignete Modelle. Kosten: € ca. 3-10.

Für optische Notsignale (3 x leuchten – Pause – 3 x leuchten usw.) sollte eine kleine **Lampe** griffbereit sein. Wenn man plant, auch in der Dämmerung oder bei Nacht zu paddeln, ist auf offiziellen Wasserverkehrswegen eine weiße Rundum-Handleuchte vorgeschrieben, die man im Falle einer Fahrzeugannäherung hochhält.

Wer in der Gruppe unterwegs ist, kann zur Unterstützung schwächerer Paddler für den Notfall ein Seil mit **Abschleppgeschirr** mitnehmen.

Ein **Wurfsack** ist ein Seil, das lose in einen Sack gestopft ist. Dieses kann man einem Mitpaddler in Seenot zuwerfen, damit er sich daran festhält, und man ihn zu sich heranziehen kann. Auch als abendliche Wäscheleine sind die Wurfsäcke sehr beliebt. Kosten: € ca. 35.

Vor allem für Kajakfahrer auf offener See ist eine **Paddelsicherung** wichtig. Sie verbindet das Paddel mit dem Boot. Ohne Paddel ist man in seinem Boot erstaunlich hilflos – das Paddel muss nicht weiter als 1,50 m wegtreiben und schon ist man manövrierunfähig und auf die Unterstützung seiner Mitpaddler angewiesen.

Bei der Wahl der **Farbe** der Kleidung, des Bootes und des Paddels sollte man modische Erwägungen zurückstellen. Auch wenn viele Outdoorsportler gern möglichst unauffällig in der Natur unterwegs sind, liegt es im Urinteresse von Kanuten, immer sichtbar zu sein. Gerade bei Gewässern, die man sich mit Schnellbooten, Hausbooten und Seglern teilt, die von Freizeitkapitänen gesteuert werden, lohnt es sich, tief in den Farbtopf zu greifen. Kanuten sind von höheren Booten aus wirklich schwer auszumachen – nur Schwimmer sind noch schlechter zu sehen. Es gilt also frei nach Rolf Zuckowski: Rot leuchtet hell, Gelb sieht man schnell, Grau oder Braun, das sieht man kaum.

Leinen und Gurtbänder

Auf jeder Outdoortour ist ein Seil nützlich – bei Touren im Boot ist es unerlässlich. Ob beim Festmachen am Bootssteg, beim Sichern in der Schleuse oder beim Treideln in flachem Gewässer und nicht fahrbaren Wehren gehören am besten zwei Leinen ans Kanu, und zwar eine am Bug und eine am Heck fest angebunden.

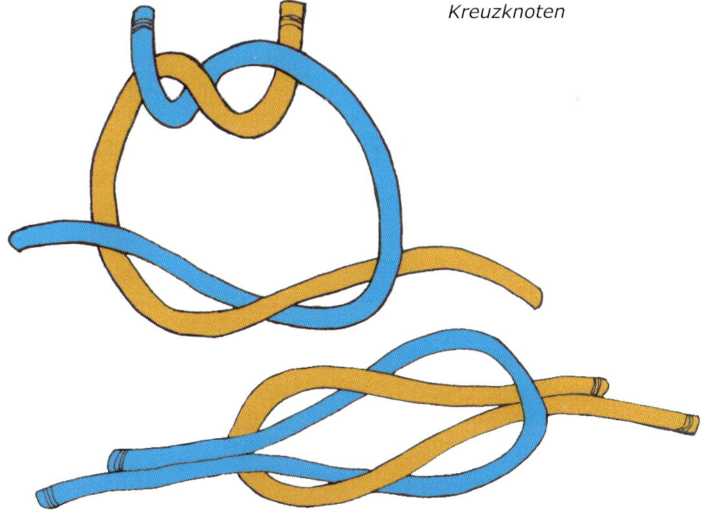

Kreuzknoten

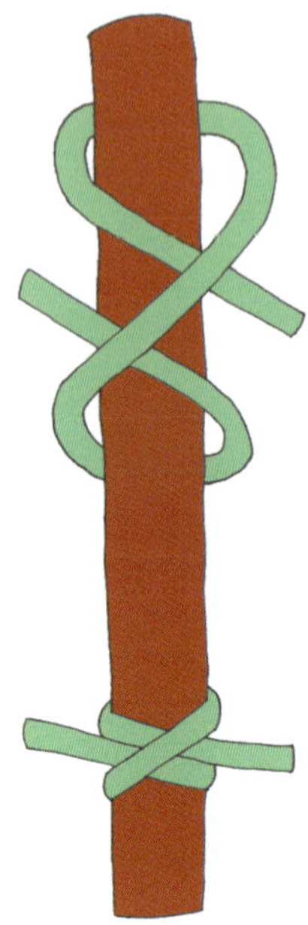

Webleinenstek

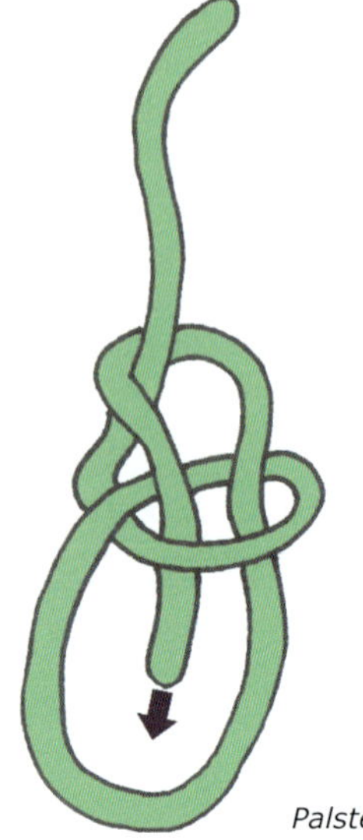

Palstek

Die Länge sollte mindestens der halben Bootslänge entsprechen und sie sollten aus einem schwimmfähigen Material bestehen (gibt es zum Beispiel auch als Meterware im Baumarkt). Im Kanadier benötigt man zusätzlich Leinen oder Gurtbänder zur Sicherung des Gepäcks. Auch wer zu zweit im Kajak unterwegs ist, muss in der Regel Teile des Gepäcks an Deck verzurren. Für ein Kajak reichen Gurtbänder von 1 bis 1,50 m Länge, für einen Kanadier gern 50 cm mehr.

Zur Befestigung der Leinen am Boot, beim Sichern des Kanus um einen Baum oder Poller oder zum Verbinden der Leinen untereinander gibt es Knoten, die sehr haltbar sind und sich trotzdem leicht wieder lösen lassen. Dazu gehören z. B. der Kreuzknoten zum Verbinden zweier Leinen, der Webleinenstek zum Überschlagen an einem Pfahl oder der berühmte Palstek für nicht laufende Schlaufen.

📖 **Knoten** von Dieter Großelohmann und Manuela Dastig, OutdoorHandbuch Band 3, Basiswissen für draußen, Conrad Stein Verlag, ISBN 978-3-86686-377-4, € 8,90

Schwamm

Wer auf dem Wasser unterwegs ist, muss immer damit rechnen, dass es im Boot auch mal nass wird. Das kann eine Welle sein, ein Bootsschwell, Regen von oben oder zu enthusiastisches Paddeln. Damit man unterwegs nicht in einer Pfütze sitzt, sollte immer ein Schwamm griffbereit sein, um das Wasser aufzunehmen. Es gibt auch extra Lenzpumpen für Kajaks, allerdings werden diese hauptsächlich für Expeditionstouren mit offenen Meerespassagen benötigt.

Reparatur-Set

Wie für Menschen ist auch für Boote ein Erste-Hilfe-Kit eine sinnvolle Vorsorge. Die Hersteller geben über die notwendigen Kleber und Harze Auskunft oder bieten sogar fertige Reparatur-Sets an.

Bei uns ist als Notfallhelfer außerdem immer eine große Rolle gutes **Gewebeklebeband** dabei. Sei es zum vorläufigen Reparieren von kleinen Rissen im Boot, Schäden am Paddel oder um Löcher in der Persenning, am Zelt oder an der Regenbekleidung zu flicken. Wichtig ist, dass die zu klebenden Materialflächen absolut fettfrei und trocken sind. Etwas Wärme beim Aufbringen der Reparaturmaterialien unterstützt die Haltbarkeit.

Transport

Für den Transport mit dem Auto benötigt man zwei einfache Querträger auf dem Autodach. Eine Polsterung mit einfachen Rohrisolierungen aus dem Baumarkt ist eine sinnvolle Ergänzung. Für Kajaks gibt es zusätzlich extra Transportbügel, die sie gut stabilisieren und auch eine platzsparende Beladung auf der Seite ermöglichen. Gesichert werden die Boote am besten mit stabilen Gurtbändern mit Klauenschnallen. Diese sollten vor jeder Tour geprüft werden und ggf. rechtzeitig ersetzt werden. Eine Sicherung mittels Ratsche ist nicht empfehlenswert, da hier schnell der Druck zu groß wird und das Kanu beschädigt werden kann. Die Boote müssen so positioniert werden, dass sie vorne mit der Stoßstange abschließen, seitlich nicht überstehen und nach hinten nicht weiter als 1,50 m über das Auto hinausragen.

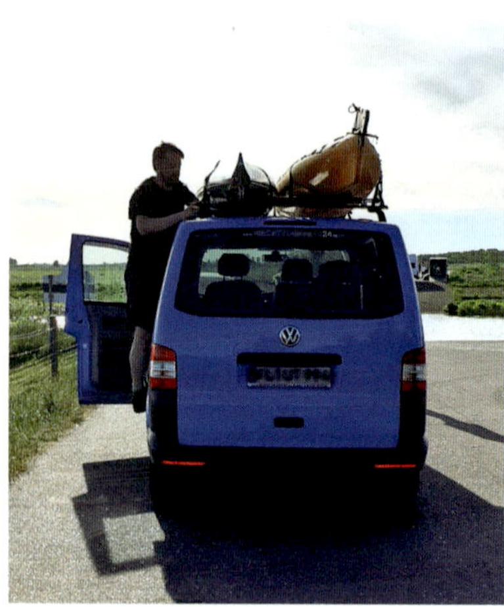
Autotransport

Ab 1 m Überhang nach hinten muss eine hellrote Fahne (30 x 30 cm) am Boots-Ende befestigt werden. Wenn man Kajaks mit den Sitzluken nach oben transportieren möchte, sollte man die Luken mit Lukendeckeln verschließen, damit das Boot bei Regen nicht vollläuft.

Für hohe Autos oder wenn man das Boot allein aufladen möchte, leistet eine Ladehilfe gute Dienste. Die einfachste Form besteht aus einer ausziehbaren Verlängerung des Trageholms des Dachgepäckträgers. So kann die Bootspitze zunächst auf die neben das Auto ausgezogene Verlängerung gelegt werden. Dann kann man das Heck des Bootes anheben und auf das Autodach legen. Eine Alternative sind Laderollen am hinteren Trageholm des Dachgepäckträgers. Dabei hebt man zunächst die Bootsspitze über das Heck des Fahrzeugs auf die Rolle und schiebt das Boot dann nach vorne durch. Der Rolls Royce unter den Ladehilfen ist der seitliche Hublift – hier werden zwei Greifarme seitlich am Auto herabgelassen und das Boot wird hydraulisch auf das Fahrzeugdach gehoben.

Kajak vs. Kanadier: Butter bei die Fische – welches Boot passt zu mir?

Grundsätzlich lässt sich diese Frage nicht beantworten – es ist schlicht und einfach Geschmackssache. Beide haben gewisse Vor- und auch Nachteile – aber seien Sie versichert: Touren machen in beiden Booten einen Riesenspaß! Anfängern im Kanuwandern empfehlen wir ohnehin, auf jeden Fall für die ersten Touren Kanus zu mieten. So finden Sie gut heraus, welches Boot am besten zu Ihnen passt.

Für uns war die Entscheidung ganz klar – in unserem Garten finden sich beide Varianten.

Folgend haben wir einmal aufgelistet, wo die jeweiligen Boote ihre Stärken ausspielen. Dazu sei aber gesagt – anfängergeeignete Tourengebiete lassen sich in beiden Bootsformen wunderbar befahren. Kleinere Nachteile lassen sich dabei mit ein bisschen Übung und Einfallsreichtum immer ausgleichen.

▷ Kajaks können auf **offenen Gewässern** auch von Anfängern bei bis zu 4 Windstärken sicher gefahren werden. Auch macht ein gewisser **Wellengang** durch die geschlossene Bauform keine Probleme. Der windanfälligere Kanadier hingegen sollte auf offenen Gewässern (größere Seen) nur bis höchstens 3 Windstärken in See stechen. Durch die offene Bauart werden steile Wellen für den Kanadier eher zum Problem, da das Boot leichter Wasser fasst. Der höhere Schwerpunkt sorgt außerdem dafür, dass der Kanadier bei großen Wellen schneller kentert, wenn der Paddler nicht genau weiß, wie er reagieren soll.

▷ Im Kajak mit Spritzdecke und guter Regenjacke kann man auch bei starkem **Regen** trocken bleiben – auch das Gepäck ist dabei immer sicher geschützt. Für Kanadier müsste man für diesen Effekt eine teure Persenning einsetzen. Bei Mietbooten wird diese in der Regel nicht angeboten. Wer mit **Gegenwind** rechnet, kommt im Kajak leichter voran, da es weniger Angriffsfläche bietet und durch das Doppelpaddel eine höhere Schlagzahl erreicht wird. Bei schönem Wetter ist der Kanadier im Vorteil. Durch die offene Bauform sitzt man im Freien und kann sich die Sonne auch auf die Beine scheinen lassen.

▷ **Einsteigen** ins Kajak will geübt werden. Am Strand kein Problem, an einem Bootssteg kann das schon mal tricky werden, von einem quer über dem Fluss liegenden Baum aus ist es fast unmöglich. Der Kanadier ist hier gutmütiger – auch bei schwierigen Aussatzstellen kommt man problemlos heraus. Daher sind sie auch für kleinere, verwilderte Flüsse, bei denen mit Baumhindernissen zu rechnen ist, deutlich besser geeignet.

▷ Die **Sitzposition** im Kanadier ist durch das größere Platzangebot variabler – allerdings hat man dafür keine Rückenlehne wie im Kajak. Wer besonders sportlich ist, kann im Kanadier auch in knieender Position fahren.

- Das **Beladen** des Kanadiers geht auch ohne Erfahrung recht schnell von der Hand. Allerdings muss man hier besonders den Trimm im Auge behalten und alles gut wasserdicht verpacken. Unterwegs hat man zudem jederzeit relativ guten Zugang zu seinem Gepäck. Die Seekästen des Kajaks und besonders die Luken beschränken die Größe der jeweiligen Gepäckstücke und das erste Beladen erfordert erfahrungsgemäß etwas Zeit und Geschick, bis alles durch diese Nadelöhre gebracht und gut verstaut ist. Unterwegs kommt man an den Inhalt der Seekästen nicht heran. Alles, was während der Fahrt gebraucht wird, findet entweder in der Tagesluke Platz oder wird auf Deck befestigt. Übrigens: Das Vorurteil, dass man sich im Kajak gepäckmäßig sehr einschränken muss, gilt höchstens für das 2er-Kajak. Im 1er ist auch für unnütze Sachen immer noch genug Platz.

- Wer das **Gruppenerlebnis** schätzt, kann sich im Kanadier mit bis zu drei Personen ein Boot teilen. Es gibt natürlich auch größere Boote, die allerdings normalerweise nicht für längere Touren gedacht sind. Bei Kajaks kommen auch Einzelgänger auf ihre Kosten. Was natürlich nicht heißt, dass auf Touren mit mehreren 1er-Kajaks die Geselligkeit zu kurz kommen muss. Auf breiteren Flüssen und Seen lässt es sich wunderbar nebeneinander paddeln und quatschen. Wer sich zu zweit ein Boot teilen möchte, hat die Qual der Wahl.

Zusammenfassend: Beide Bootstypen haben ihre Stärken und Schwächen und völlig zu Recht ihre eingefleischten, begeisterten Fans. Am Ende entscheidend ist höchstens die Wahl des Reviers – offene Gewässer (Kajak) vs. kleiner Fluss (Kanadier) – und am wichtigsten: der persönliche Geschmack.

Grundlegende Paddeltechniken

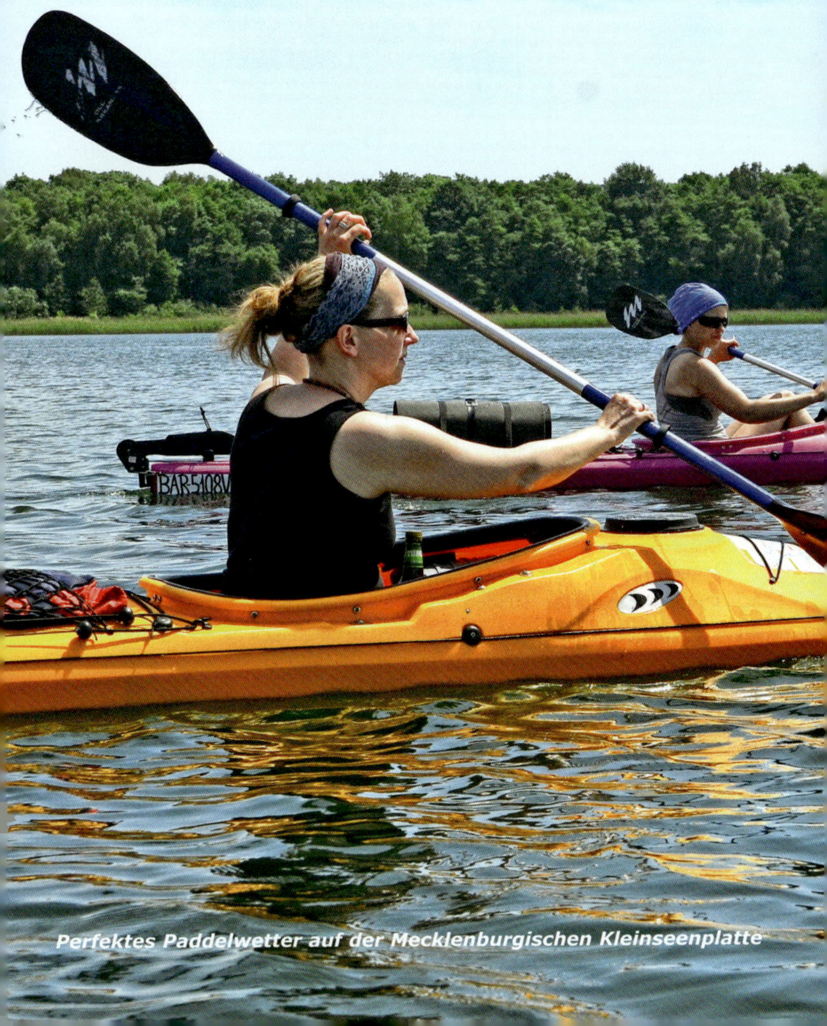

Perfektes Paddelwetter auf der Mecklenburgischen Kleinseenplatte

Kanufahren ist keine Raketenwissenschaft. Auch ohne jegliche Vorkenntnisse wird man ins Boot rein- und und wieder rauskommen und mit dem Paddel Vortrieb erzeugen können. Wir haben unsere ersten Touren komplett ohne Einweisung und Vorkenntnisse durchgeführt und erst Jahre später das erste Mal von dem J-Schlag im Kanadier erfahren – und hatten trotzdem jede Menge Spaß.

Dennoch – es schadet sicher nicht, sich die grundlegenden Paddelschläge und Techniken einmal anzuschauen, damit man sich später nicht aufwendig umgewöhnen muss. Sie machen das Leben leichter (und trockener) und sorgen dafür, dass man länger durchhält, indem man seine Kraft optimal einsetzt und nicht durch Fehlhaltung und falsche Belastung seine Knochen und Gelenke überansprucht.

Wenn Sie nun die Grundschläge erlernen, versuchen Sie, auch die Grenzen kennenzulernen. Bei schönem Wetter in Schwimmkleidung in flachem, ruhigem Wasser kann sogar Kentern Spaß machen. Versuchen Sie, durch langsames Aufschaukeln das Boot umzuwerfen. So erfahren Sie, wo das Boot seinen Kipppunkt hat und wie es in Grenzbereichen reagiert. Im Zweifel werden Sie überrascht sein, wie stabil das Boot im Wasser liegt. Sie können Ihre Reaktionen auch testen, indem ein Freund hinter Ihnen im flachen Wasser steht und versucht, das Kanu umzuwerfen. Wenn es kippelig wird, greifen Sie nicht nach dem Süllrand. Das Paddel kann die Situation stabilisieren, nicht das Boot!

Eine Kenterübung sollten Sie aus Sicherheitsgründen nicht allein durchführen.

Dem Profipaddler sei hier mitgeteilt, dass die folgend beschriebenen Paddelschläge für sommerliche Wanderfahrten gedacht sind. Für Touren in Wildwasser, auf hoher See oder unter anderen extremen Bedingungen gilt es, noch unzählige weitere Kniffe und Fertigkeiten zu lernen. Dafür empfehlen wir dringend das Belegen entsprechender Kurse. Sprechen Sie am besten mit Ihrem Kanuverein vor Ort.

☺ Falls Sie die folgenden Beschreibungen einzelner Paddelschläge vom heimischen Sofa aus nicht ganz nachvollziehen können: Wenn Sie bei Youtube nach den Namen der Paddelschläge suchen, finden sich – wie zu nahezu jedem anderen Thema auch – eine Vielzahl an mehr oder weniger gelungenen Erklärvideos. Auf jeden Fall eine gute Ergänzung, um die ungewohnten Bewegungen nachzuvollziehen!

Kanadier

Es gibt im Kanadier zwei Jobs: Den Steuermann/die Steuerfrau und die „Maschinisten“ (vorne im Boot inkl. Ausguck).

Wenn es also um die Sitzverteilung geht: Vorne ist vor allem Ausdauer gefragt. Man kann hier einfach stundenlang pullen und die Gedanken schweifen lassen, ohne für die Fahrtrichtung Sorge zu tragen. Auch der Ausblick ist vorne am besten, weshalb man hier auch zuerst Hindernisse sieht und darauf aufmerksam machen muss.

Von der hinteren Position bemerkt man z. B. einen Stein unter Wasser erst, wenn man mit dem Boot schon draufgefahren ist. Außerdem gibt der vordere Paddler die Schlagzahl vor, auf die sich alle dahinter Sitzenden synchronisieren, um einen möglichst effektiven Vortrieb zu erreichen.

Wer lieber steuern möchte, sollte während der Fahrt besser nicht vor sich hinträumen. Auch auf breiteren Seen und Flüssen muss man ständig darauf achten, eine möglichst gerade Linie zu halten, um die strömungs- oder windbedingte Drift auszugleichen. Die Steuerschläge erfordern bei schnellen Manövern einen höheren Krafteinsatz und Sprintqualitäten.

Die Paddelseite kann selbstverständlich nach Absprache mit den Mitpaddlern jederzeit gewechselt werden. Bei zwei Personen paddelt eine rechts und eine links. Ist das Boot zu dritt besetzt, paddeln die beiden vorderen Personen auf entgegengesetzten Seiten. Zu vermeiden ist unbedingt, dass alle Paddler auf derselben Seite gleichzeitig einstechen – es genügt dann eine kleine Welle und das Boot kippt.

Oft lässt sich ein 2er-Kanadier übrigens auch prima alleine fahren, indem man sich rückwärts auf den Vordersitz setzt. Das Heck zeigt nun nach vorn. So liegt das Gewicht günstiger in der Mitte des Bootes.

Sie können im Kanadier Ihre Sitzposition variieren. Die meisten Freizeitpaddler sitzen auf dem Sitz und strecken die Beine entspannt vor sich aus oder falten sie zum Schneidersitz. Bei ungemütlichen Wetterbedingungen und Wellengang kann es von Vorteil sein, die eigentlich klassische Haltung einzunehmen und sich ins Boot zu knien. Dazu setzen Sie sich auf die Kante des Sitzes und knien sich ins Boot, die Füße werden dabei unter dem Sitz hindurch nach hinten gestreckt. In dieser Position haben Sie über Gesäß und die beiden Knie einen festen Kontakt zum Boot, was die Stabilität erhöht. Zudem verlagert sich der Schwerpunkt nach unten, das Boot liegt also sicherer im Wasser, und die Paddelschläge können insgesamt etwas kraftvoller ausgeführt werden.

Ein- und Aussteigen

Das Kanu wird mit einer Spitze (in Fließgewässern mit dem Heck zuerst) in das Wasser gesetzt. Am anderen Ende heben Sie es an und schieben es hinein. Dann drehen Sie das Boot parallel zum Ufer – mit der Strömung geschieht das ganz von selbst.

Schieben Sie das Boot zügig ins Wasser, sonst kentert es oder schlägt gegen das Ufer, bevor es überhaupt ganz im Fluss liegt.

Wassern ist Teamwork

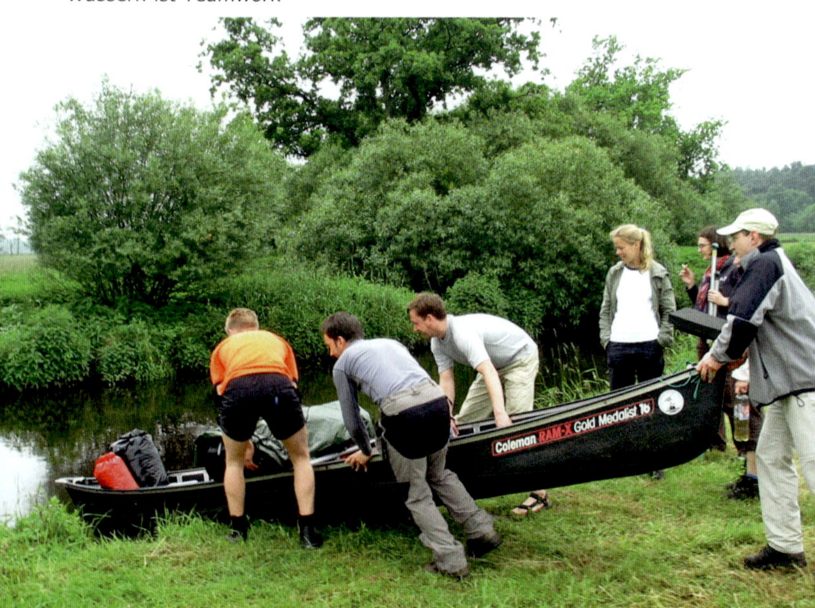

Ihr Kanadier liegt nun parallel zum Ufer. Der Steuermann ist immer der Erste, der ins Kanu einsteigt und der Letzte, der es wieder verlässt. Der Bugpaddler sichert beim Einsteigen vom Ufer aus das Boot. An Flüssen liegt das Boot mit dem Bug flussaufwärts. Beim Ablegen wird der Bug dann quasi automatisch durch die Strömung in Fahrtrichtung gedreht.

Wenn Sie einsteigen, setzen Sie den ersten Fuß in die Mitte des Bootes, greifen gleichzeitig mit den Händen die beiden Süllränder und ziehen das zweite Bein nach. Stützen Sie sich mit dem ganzen Gewicht auf die Hände, dann können Sie bequem Ihre Beine in die Sitzposition bringen, ohne das Boot aus dem Gleichgewicht zu werfen. Sobald Sie im Boot sitzen, ist der Schwerpunkt so niedrig, dass das Kanu sicher im Wasser liegt.

Erlaubt es das Ufer, können Sie die **Paddelbrücke** anwenden: Das Paddel wird im rechten Winkel zum Boot über beide Süllränder und das Ufer gelegt, die Hände umgreifen den Paddelschaft und die Süllränder gleichzeitig. So entsteht ein fester Kontakt zum Ufer.

Beim Anlanden legt man parallel zum Ufer an – nach Lehrbuch mit dem Bug flussauf. Der Bugpaddler steigt wieder zuerst aus, wenn möglich ohne dabei das Boot abzustoßen. Der Steuermann sichert derweil das Boot am Ufer, z. B. indem er sich am Bootssteg oder an herabhängenden Zweigen festhält. Ist nichts „Greifbares" in der Nähe, kann er in flachem Wasser sein Paddel auf der dem Ufer abgewandten Seite des Kanus dicht neben dem Boot in den Flussboden stecken.

Aber Vorsicht, damit das Paddel dabei keinen Schaden nimmt. Sobald der Bugpaddler an Land ist, übernimmt er die Sicherung und der Heckpaddler kann aussteigen.

Zum Aussetzen des Bootes heben Sie das Heck an, während die Strömung den Bug herumtreibt. Sobald das Boot senkrecht zum Ufer steht, wird es herausgezogen. Bei Seegang oder in starker Strömung sollte das Kanu auch bei kurzen Pausen ganz aufs Land gezogen werden, damit es durch die Kraft des Wassers nicht gegen Steine oder Felsen gedrückt wird oder Wellen hineinschwappen.

Die wichtigsten Schläge

Grundschlag

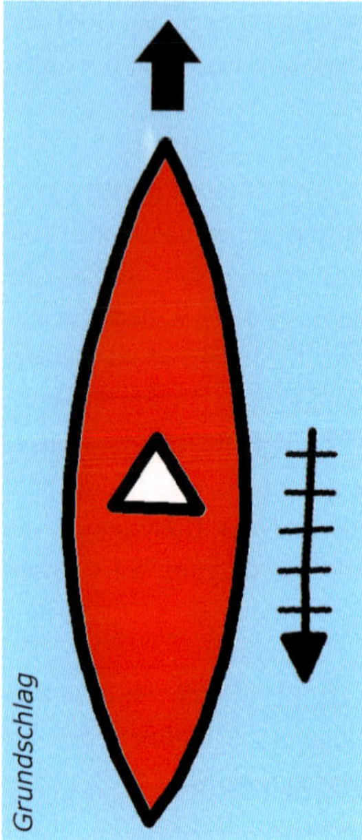

Grundsätzlich umfasst eine Hand den Knauf am Ende des Paddels und die andere den Schaft etwa in der Mitte. Die Hand am Schaft kann für weit ausholende Steuerschläge etwas nach oben rutschen oder für kraftvolle Triebschläge nach unten. Wenn Sie die Paddelseite wechseln, tauschen auch die Hände ihre Position. Die Hand am Schaft ist dabei jeweils auf der Paddelseite.

In sitzender Position wird das Paddel in Höhe der Knie dicht an der Bordwand eingetaucht. Das Paddelblatt ist komplett unter Wasser. Ziehen Sie das Paddel nach hinten bis zur Körpermitte durchs Wasser, unterstützt durch eine leichte Drehung des Oberkörpers. Für die richtige Drehung folgen Sie am Anfang einfach dem Paddel mit den Augen. Der obere Arm drückt dabei, während der untere leicht zieht, unterstützt durch die Rotation des Oberkörpers. Für die Auswahl der richtigen Paddellänge ☞ Bootszubehör, Paddel, Kanadierpaddel

Steuerschläge

Um ein Gefühl für die Auswirkung von Steuerschlägen zu entwickeln, ist der Blick stets auf die Bugspitze gerichtet. Peilt man über diese einen Punkt am Ufer an, sieht man sofort die Auswirkung der eingesetzten Technik. Je schwerer das Boot, desto zeitverzögerter reagiert es.

Der einfachste und grundsätzlichste Steuerschlag ist ein kräftig durchgeführter Grundschlag von der hinteren Position aus. Rechts gepaddelt, lenkt er das Boot nach links und umgekehrt. Für einen stabilen Geradeauslauf müsste man bei dieser Variante jeden oder jeden zweiten Schlag die Seite wechseln. Allerdings erreicht man darüber nur einen Schlingerkurs und schippt jede Menge Wasser ins Boot. Zudem ist es kraftraubend und das Boot kommt nicht ins Gleiten.

Ein guter Steuerschlag für Anfänger ist ein einfacher **Ruderschlag**. Dabei führt man einen normalen Grundschlag aus und dreht am Ende das Paddelblatt so, dass die Fläche parallel zum Boot ist, und lässt es im Wasser – der Daumen auf dem Knauf zeigt dabei nach oben. Das Paddel wirkt nun als Ruder. Durch leichten Druck nach außen wird dabei der Radius der Kurve variiert. Besonders effektiv ist die Lenkwirkung, je weiter man das Ruderblatt nach hinten bringt und je mehr Fahrt das Boot macht. Die Paddellinie kann sehr genau gefahren werden. Nachteil: Der Heckpaddler trägt in der Steuerphase nicht zum Vortrieb bei – dieser hängt komplett am Bugpaddler. Außerdem funktioniert dieser Schlag nur bei Fahrt durchs Wasser.

Der wichtigste Steuerschlag im Kanadier, der für einen guten Geradeauslauf sorgt, ohne den Vortrieb zu unterbrechen, ist der **J-Schlag**. Dieser wird ausschließlich vom Heckpaddler durchgeführt. Dabei erweitert man den Grundschlag am Ende mit einer Drehung des Paddelblattes inkl. leichtem Schwenk nach außen. Das Paddel beschreibt von oben gesehen also ein J durchs Wasser (bzw. auf der rechten Seite ein L). Der Daumen am Knauf zeigt nach Drehung des Blattes immer nach unten.

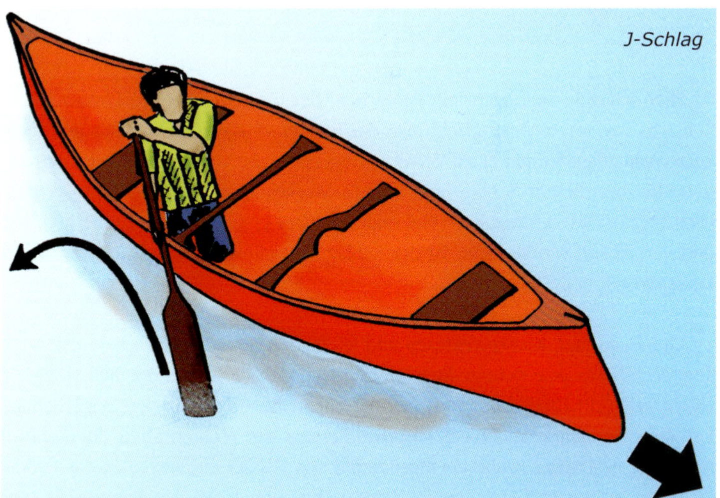
J-Schlag

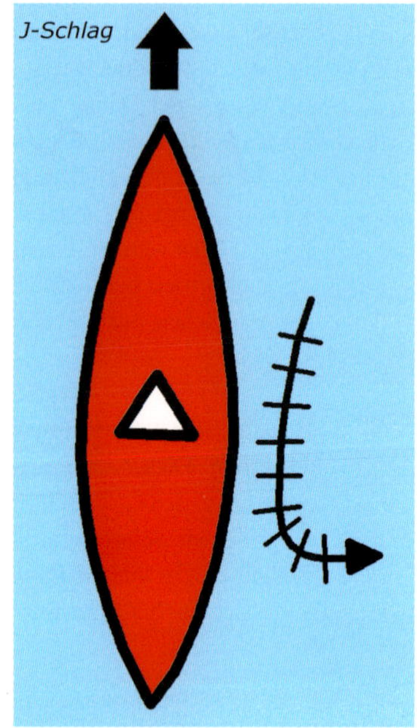

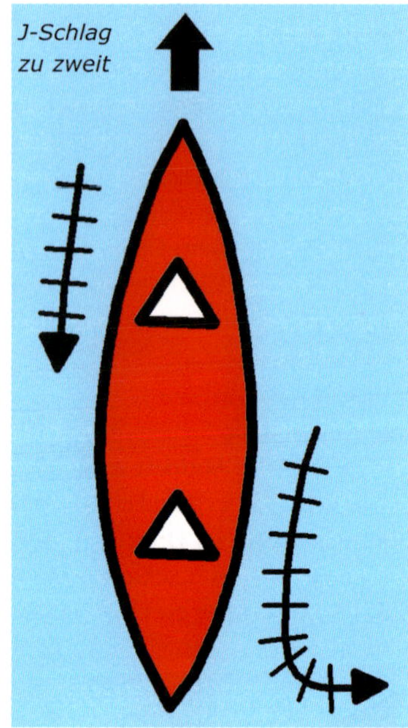

Hier schleicht sich leicht ein Fehler ein, der für den effektiven Einsatz des J-Schlages von Nachteil ist: Dreht man das Paddel so, dass der Daumen am Knauf nach oben zeigt, kommt es zu Verwirbelungen und die Vortriebskraft wird vermindert. Da bei diesem Schlag ungewohnte Muskelpartien angesprochen werden, wirkt er zunächst anstrengend. Hat man sich aber erst an die Bewegung gewöhnt und den Ablauf verinnerlicht, ist der Schlag sehr effektiv und auf Dauer deutlich kraftsparend.

Geradeauslauf, Kurskorrekturen und leichte Kurven sind mit dem J-Schlag gut abgedeckt. Für eine richtige Kurve, wenn z. B. der Fluss eine deutliche Biegung macht oder ein Hindernis im Wasser auftaucht, benötigt man den **Bogenschlag**. Für eine Linkskurve sticht der Heckpaddler auf der rechten Seite (Steuerbord) möglichst weit vorne, nahe der Bootswand, ins Wasser ein und führt das Paddel in einem weiten Halbkreis durchs Wasser bis zum Heck des Kanus. Für eine

Rechtskurve führt man das Manöver auf der linken Seite (Backbord) durch. Um die Steuerwirkung zu unterstützen, kann ausnahmsweise auch der Bugpaddler mit diesem Steuerschlag in Aktion treten – natürlich nur auf Anweisung des Heckpaddlers. Dabei wird die Wirkung umso stärker, je weiter vorne er einsticht.

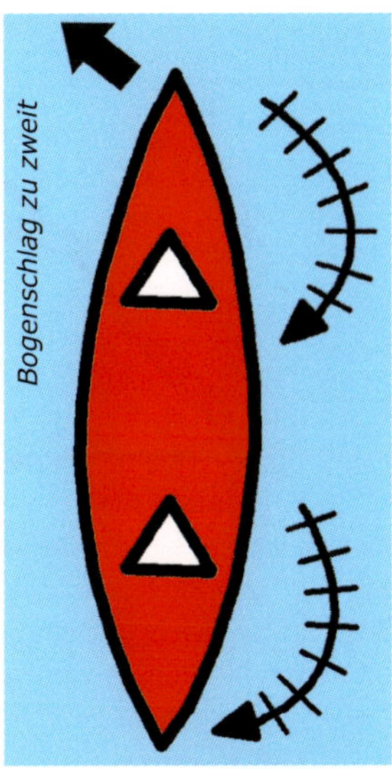
Bogenschlag zu zweit

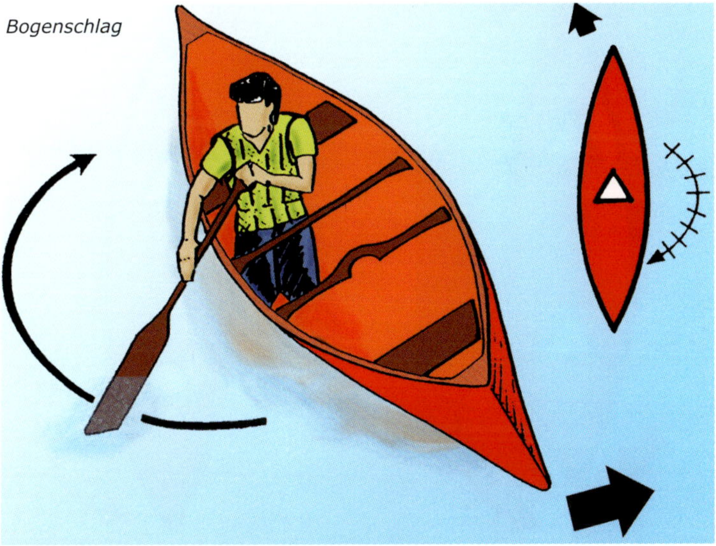

Bei sehr engen Kurven oder Manövern der letzten Sekunde, z. B. wenn bei flotter Strömung plötzlich ein Stein dicht unter der Wasseroberfläche zu sehen ist, kann der Bogenschlag des Heckpaddlers mit einem **Ziehschlag** des Bugpaddlers kombiniert werden. Dabei sticht der Bugpaddler auf der Gegenseite möglichst weit vorn ins Wasser und zieht das Paddel in einem Bogen am Bug vorbei. Besonders effektiv wird dieser Schlag, wenn man dabei auf die Knie geht.

Bogenschlag

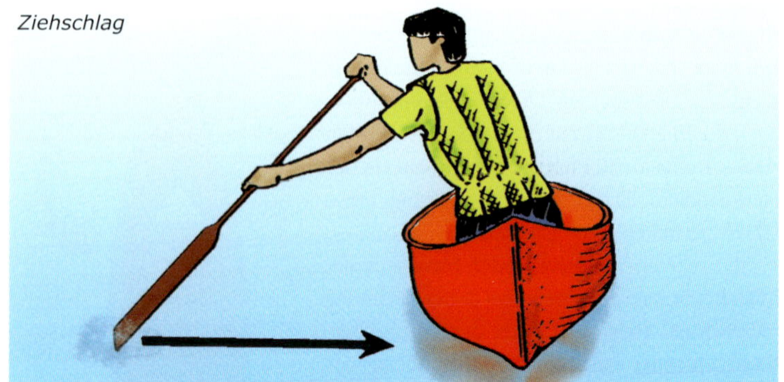

Eine weitere Einsatzmöglichkeit des Bogenschlags ist, wenn man ohne Fahrt auf der Stelle drehen möchte. Dabei führt der Heckpaddler einen normalen Bogenschlag durch, während der Bugpaddler auf der Gegenseite den Bogenschlag von hinten nach vorn beschreibt.

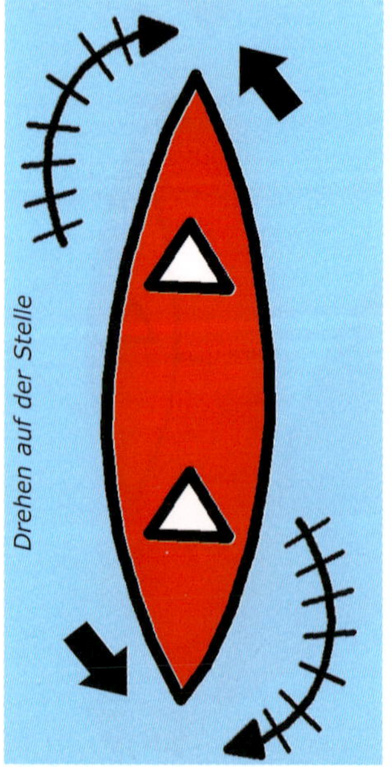

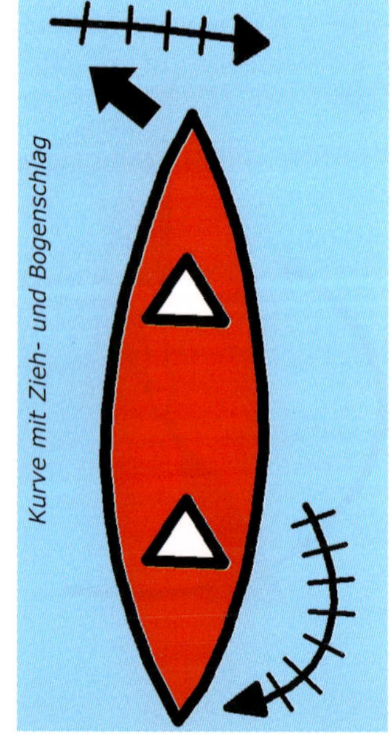

Für Manövrieren auf engstem Raum oder beim Anlegen kann das Boot ohne Fahrt seitlich versetzt werden, indem Bug- und Heckpaddler den Ziehschlag gleichzeitig auf einer Seite des Bootes ausführen. Dabei stechen beide gleichzeitig das Ruderblatt etwa 1 m von der Bordwand entfernt ins Wasser – das Paddelblatt ist parallel zum Boot – und ziehen es zu sich heran.

Vorsicht: Bei diesem Manöver nicht hinauslehnen und das Paddel keinesfalls unter den Rumpf bringen, sonst führt diese Aktion schnell zum Badespaß.

Notfallschläge

Wenn das Kanu überraschend zu kippen droht, z. B. weil sich die Mitpaddler gleichzeitig zu einer Seite herauslehnen, ein Motorboot direkt neben dem Kanu einen großen Schwell erzeugt oder das Boot auf einen Stein aufläuft, kann man versuchen, das Boot mit der **Paddelstütze** zu stabilisieren. Dazu benutzen Sie das Paddel wie einen Ausleger. Sie drücken es auf der Kenterseite mit dem Paddelblatt möglichst weit außen flach auf das Wasser.

Paddelstütze

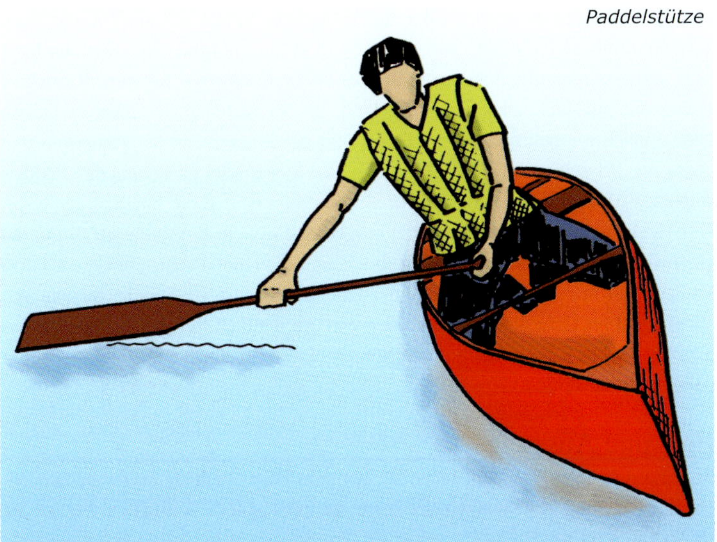

☺ Besonders dieses Manöver sollte man an einem warmen Badetag unbedingt einmal üben.

Wie bei jedem Fahrzeug, sollte man auch im Kanu wissen, wo die **Notbremse** ist. Wenn Ausweichen keine Option ist, weil auf einmal hinter der nächsten Biegung ein Kanu quer im Fluss treibt oder ein Manöver schiefgegangen ist und man zügig auf den Schilfgürtel zusteuert, bringt die folgende Maßnahme des Boot nach wenigen Metern zum Stehen: Auf ein vorher verabredetes Kommando stechen alle Paddler gleichzeitig auf ihren Paddelseiten das Paddel ins Wasser und drücken es kräftig nach vorn. Der Steuermann achtet dabei darauf, dass das Boot nicht aus dem Kurs läuft, indem er auf der richtigen Seite unterstützt.

📖 **Solo im Kanu** von Falk Bruder, OutdoorHandbuch Band 10, Basiswissen für draußen, Conrad Stein Verlag, ISBN 978-3-86686-010-0, € 8,90

Kajak

Wanderkajaks gibt es als 1er- oder als 2er-Version. Relativ selten sieht man auch Varianten mit einem Notsitz in der Mitte – z. B. für ein Kind. Wer allein im Boot sitzt, muss sich naturgemäß auch um alles selbst kümmern – Steuern, Paddelfrequenz und Ausguck, alles aus einer Hand. Im 2er verteilen sich diese Aufgaben ganz ähnlich wie beim Kanadier. Hinten sitzt der Steuermann/die Steuerfrau und vorne die „Maschinisten“ (inkl. Ausguck). Der Bugpaddler gibt dabei den Paddelrhythmus vor und kann ansonsten vor sich hinträumen und die Aussicht genießen. Der Heckpaddler behält dahingegen möglichst stets die Bugspitze im Auge, um einen stabilen Geradeauslauf zu gewährleisten. Man merkt sehr schnell, dass man im 2er-Kajak immer gleichzeitig auf derselben Seite einstechen sollte, da man sich sonst leicht ins Gehege kommt und der Vortrieb deutlich weniger effektiv ist. Das Steuern wird in Kajaks häufig durch Steueranlagen erleichtert, die mittels Fußpedalen bedient werden.

Ein- und Aussteigen

Bei Kajaks mit Steueranlage stellen Sie vor dem Wassern noch die Fußpedale ein, bei Kajaks ohne Steueranlage oder vorne im 2er-Kajak die Fußrasten. Stellen Sie sie so ein, dass der Fußballen mittig auf dem senkrecht gestellten Pedal/der Fuß-

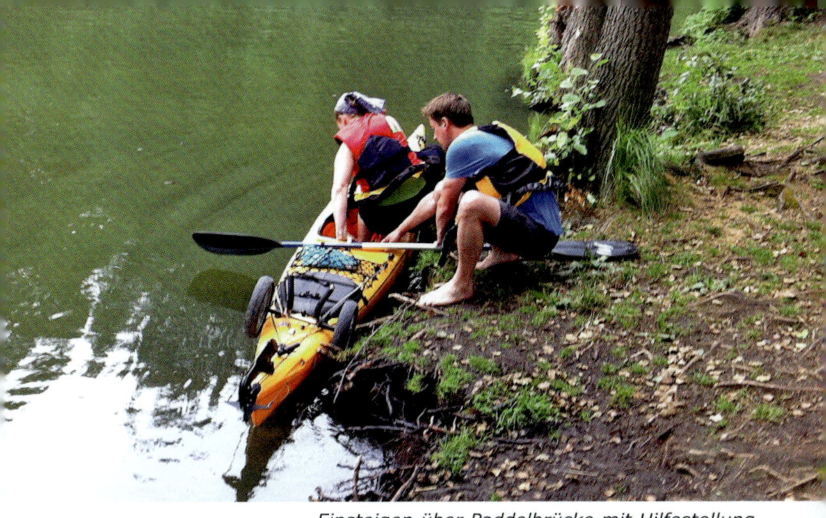

Einsteigen über Paddelbrücke mit Hilfestellung

raste ruht, während Sie mit Ihren Oberschenkeln einen festen Kontakt zur seitlichen Bordwand haben. Je mehr Kontakt Sie zu Ihrem Boot haben, desto sicherer sitzen Sie im Wasser und desto besser können Sie steuern. Das Boot sollte sitzen wie ein Turnschuh. Die Neigung der Pedale kann über ein Gurtband eingestellt werden. Das Ruder muss beim Einstellen genau mittig auf dem Boot liegen.
Infos zum generellen Umgang mit dem Boot beim Ein- und Ausstieg (also Reihenfolge des Ein- und Ausstiegs im 2er und Ausrichtung des Bootes) finden Sie im Kapitel Kanadier, Ein- und Aussteigen.

Beim Kajak mit Steueranlage ist es dabei besonders wichtig, das Heck zuletzt zu Wasser zu lassen und dann vorsichtig über die Kante zu heben – einerseits ist die Steueranlage empfindlich und andererseits besteht hier die Möglichkeit des Wassereinbruchs bei den Durchführungen der Steuerleinen in den hinteren Seekasten, wenn das Kanu zu tief eintaucht.

Das Einsteigen ins Kajak ist etwas anspruchsvoller als beim Kanadier. Am leichtesten funktioniert das in flachem Wasser. Sie stellen sich breitbeinig über die Sitzluke, die Füße im Wasser (ja, es ist Wassersport, man wird nass). Dann setzen Sie sich auf den hinteren Rand der Luke, greifen rechts und links auf Körperhöhe auf den Süllrand, balancieren das Boot aus und führen in einer fließenden Bewegung beide Beine in die Luke und rutschen auf den Sitz.

Wer etwas kürzere Beine hat, setzt sich direkt auf den Sitz und sortiert die Beine dann in die Luke. Sobald man auf dem Sitz sitzt, ist es sofort nicht mehr kippelig, versprochen!

Ist das Wasser für diese Methode zu tief, z. B. an einem Bootssteg, wird es schon etwas kniffeliger. Sie führen das Boot parallel zum Steg. Am besten unterstützt ein Mitpaddler bei den ersten Versuchen, indem er das Boot sichert. Sie setzen sich parallel zum Kajak neben die Sitzluke auf den Steg und greifen auf die Mitte des hinteren Süllrands der Luke. Dieser Druckpunkt stabilisiert die Wasserlage des Kajaks. Die zweite Hand stützt sich auf den Steg. Nun setzen sie beide Füße in die Mitte des Kajaks und setzen sich auf den Sitz. Die Bewegung sollte fließend ausgeführt werden, damit es nicht zu sehr kippelt.

Wenn das Ufer sich dazu anbietet – die Uferkante bzw. der Steg darf nicht nennenswert höher als das Kanu sein –, kann man diesen Vorgang auch mittels **Paddelbrücke** unterstützen. Dazu legen Sie das Paddel über Land und Boot – auf dem Kajak liegt es hinter der Sitzluke. Sie setzen sich wieder parallel zum Boot, das Paddel im Rücken, umgreifen mit beiden Händen gleichzeitig den Paddel-

Einsteigen mit Paddelbrücke

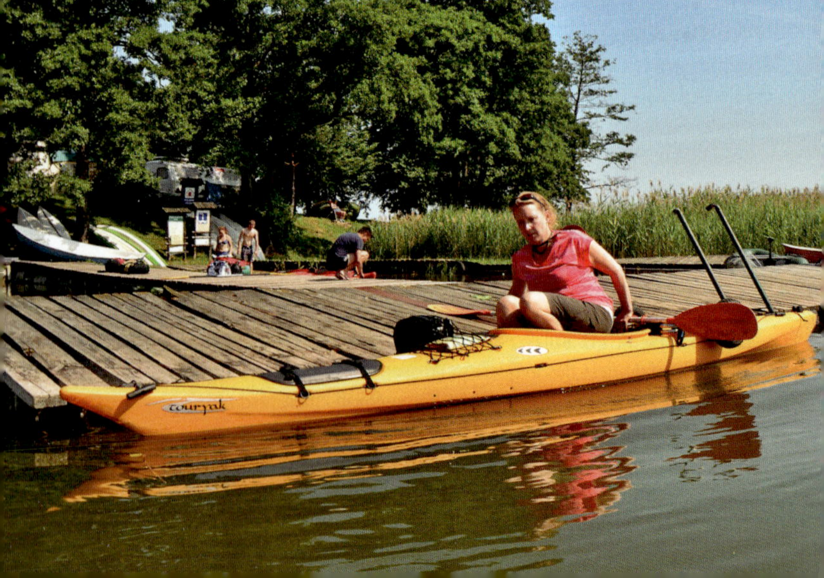

schaft, stützen sich mit dem Gewicht aufs Paddel, setzen ein Bein nach dem anderen mittig in die Luke und setzen sich. Hier sei allerdings angemerkt, dass diese Technik eine hohe Belastung für das Paddel darstellt, ein Schaden ist hier nicht ausgeschlossen.

Das Aussteigen erfolgt in umgekehrter Reihenfolge.

Bei sehr hohen Stegen kommt man nicht darum herum, im Kajak aufzustehen. Dazu greift man mit einer Hand mittig auf den Süllrand hinter den Sitz und drückt sich aus dem Kajak hoch. Die andere Hand umfasst die obere Kante des Stegs und man zieht sich in den Stand hoch. Dies erfordert ein gutes Gleichgewicht und Gefühl fürs Boot. Nun kann man auf den Steg klettern – Bootsleine nicht vergessen! Für den Rückweg treten Sie mittig in die Sitzluke, halten sich am Bootssteg fest und warten, bis sich das Boot stabilisiert hat. Während Sie sich mit einer Hand am Steg festhalten, fassen Sie nun mit der anderen Hand mittig an den vorderen Süllrand der Luke. Alle mit kurzen Beinen setzen sich nun mit einer zügigen Bewegung direkt auf den Sitz und strecken die Beine ins Kanu aus. Für alle Langbeinigen: Setzen Sie sich mittig auf den hinteren Süllrand und rutschen Sie mit den Füßen voran ins Boot.

Auf einer Tour gibt es immer wieder Uferabschnitte, bei denen es schwer fällt, geeignete Aussatzpunkte zu finden. Ist das Wasser bis zur Uferkante sehr tief und die Böschung relativ steil und hoch, ist der Ausstieg riskant. Besser Sie suchen sich eine geeignetere Stelle. Auf Wassersportkarten und in Kanu-Reiseführern sind die Ausstiegsmöglichkeiten stets genannt.

Die wichtigsten Schläge

Grundschlag

Um den korrekten Abstand beim Greifen des Doppelpaddels zu ermitteln, legen Sie sich das Paddel mittig auf den Kopf. Sie greifen den Paddelschaft rechts und links vom Kopf, Ihre Arme sind an den Ellenbogen in einem 90-Grad-Winkel angewinkelt.

In der Grundhaltung halten Sie das Paddel in Brusthöhe vor dem Körper. Die Arme sind nur leicht angewinkelt. Achtung – die Paddelblätter sind normalerweise asymmetrisch, d. h., dass Sie darauf achten müssen, es richtig herum zu halten. Die kürzere Seite zeigt dabei nach unten.

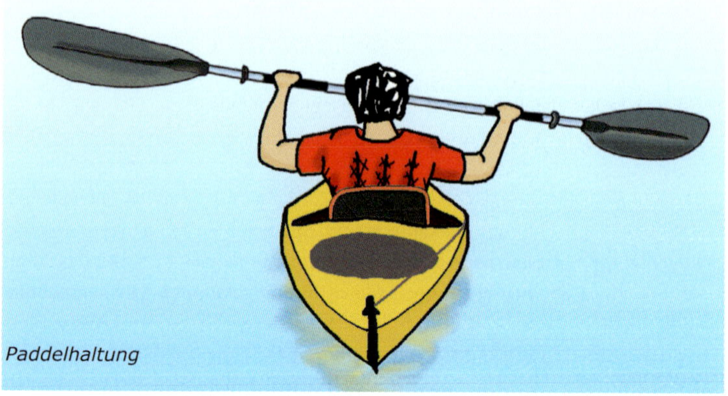
Paddelhaltung

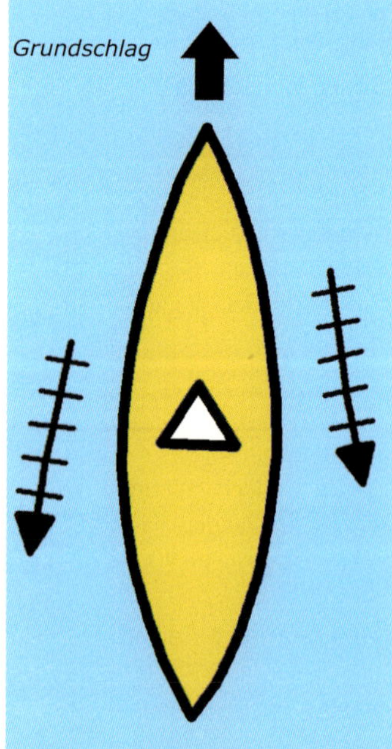
Grundschlag

Das Paddel ist gegeneinander verdreht, damit das obere Paddelblatt jeweils weniger Windwiderstand bietet. Bei einigen Paddeln lässt sich die Drehung individuell einstellen. Bei festen Paddeln, vor allem im Mietbereich, gibt es meist nur Rechtshänderpaddel, daher erklären wir den Bewegungsablauf entsprechend. Nun stechen Sie das Paddel abwechselnd links und rechts bootsnah vor sich ins Wasser und ziehen bis knapp hinter Körperhöhe. Wichtig: Die Kraft kommt dabei nicht aus den Armen, sondern aus dem Rumpf, der sich leicht mit der Paddelbewegung dreht. So werden deutlich mehr Muskelpartien angesprochen und Sie halten länger durch. Dabei entsteht eine gleichmäßige Wiegebewegung. Die Ellenbogen bewegen sich nur minimal. Für die ersten paar Schläge folgen Sie mit den Augen dem Paddelblatt, so kommen Sie gut in den Bewegungsablauf herein. Die rechte Hand kontrolliert dabei die Bewegung. Sie ist immer fest um den Schaft geschlossen, das Handgelenk ist gerade und dreht sich nur, wenn kein Druck auf dem Blatt ist. Die linke Hand umfasst den Schaft nur locker, damit er sich je nach Bewegung drehen kann. Eine gute Merkhilfe ist, wenn man immer, sobald die linke Hand oben ist, mit den Fingern winkt. Der Griffabstand kann während des Paddelns variiert werden. So bringt man bei kraftvollen Schlägen die Hände ein wenig weiter in Richtung Paddelblatt, um mehr Druck auszuüben. Kommt man ins Gleiten und paddelt entspannter, kann man sie gern etwas näher zusammenführen – probieren Sie es einfach aus! Im 2er-Kajak gilt dabei vor allem für den Heckpaddler und für 1er-Kajaks generell: Alles, was vor dem Körper passiert, dient dem Vortrieb, alles dahinter ist ein Steuerschlag. Variieren Sie gern Ihre Sitzposition und Griffhaltung immer mal, um die Muskeln unterschiedlich zu belasten und so für mehr Ausdauer zu sorgen. Für die Auswahl der richtigen Padellänge ☞ Bootszubehör, Paddel Kajakpaddel

Steuerschläge

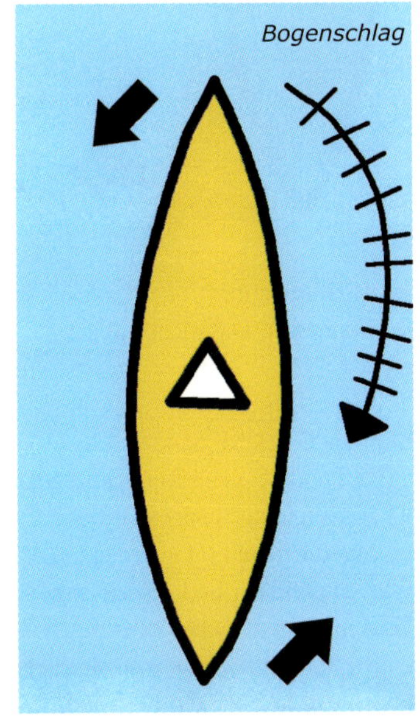

Die einfachste Art zu steuern, wenn Sie keine Steueranlage haben oder das Wasser dafür zu flach ist, besteht darin, auf der der Wunschrichtung entgegengesetzten Seite kraftvollere Grundschläge durchzuführen. Dies hat allerdings auf Dauer den Nachteil, dass es relativ kraftraubend ist. Außerdem wird man mit jedem Manöver schneller, was nicht immer gewünscht ist. Eleganter steuern Sie mit dem Bogenschlag. Dazu variieren Sie den Grundschlag, indem Sie das Paddel etwas weiter vorn einstechen, das Paddelblatt ist dabei parallel zum Boot. Nun ziehen Sie das Paddel in einem weiten Bogen nach hinten und ziehen so weit durch, bis das Paddel hinter Ihnen wieder parallel zum Boot ist. Diesen Schlag fügen Sie einfach immer bei Bedarf in

Ihren normalen Paddelrhythmus ein und erhalten so Ihren Vortrieb und Ihre Geschwindigkeit. Auch ohne Fahrt durchs Wasser können Sie den **Bogenschlag** anwenden, um das Boot zu drehen, z. B. bei Anlegemanövern.

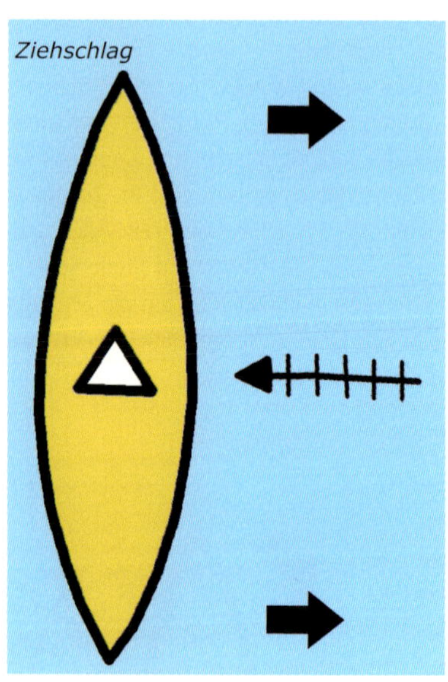

Für Manövrieren auf engstem Raum oder beim Anlegen kann das Boot ohne Fahrt seitlich versetzt werden, indem im 2er Bug- und Heckpaddler den **Ziehschlag** gleichzeitig auf einer Seite des Bootes ausführen. Dabei stechen beide gleichzeitig das Paddelblatt etwa 1 m von der Bordwand entfernt ins Wasser – das Paddelblatt ist parallel zum Boot – und ziehen es zu sich heran. Im 1er funktioniert das natürlich auch allein.

☝ Vorsicht: Bei diesem Manöver nicht hinauslehnen und das Paddel keinesfalls unter den Rumpf bringen, sonst führt diese Aktion schnell zum Badespaß.

Notfallschläge

☞ Kanadier, Die wichtigsten Schläge, Notfallschläge

Steueranlage

Wer das Glück hat, eine Steueranlage an Bord zu haben, hat für stabilen Geradeauslauf und bei gemäßigten Kurven eine gute Unterstützung. Zum Umgang damit gibt es allerdings einiges zu beachten. Sie werden mittels Fußpedalen bedient.

Für die richtige Einstellung ☞ Kajak, Ein- und Aussteigen. Steueranlagen sind empfindlich und sollten unbedingt nach oben geklappt sein, wenn Sie das Boot ins Wasser heben oder durch flaches oder steiniges Wasser fahren. Auch bei engen Manövern sollte man sie nach oben in Sicherheit klappen. Dazu finden Sie neben der Sitzluke ein Zugband.

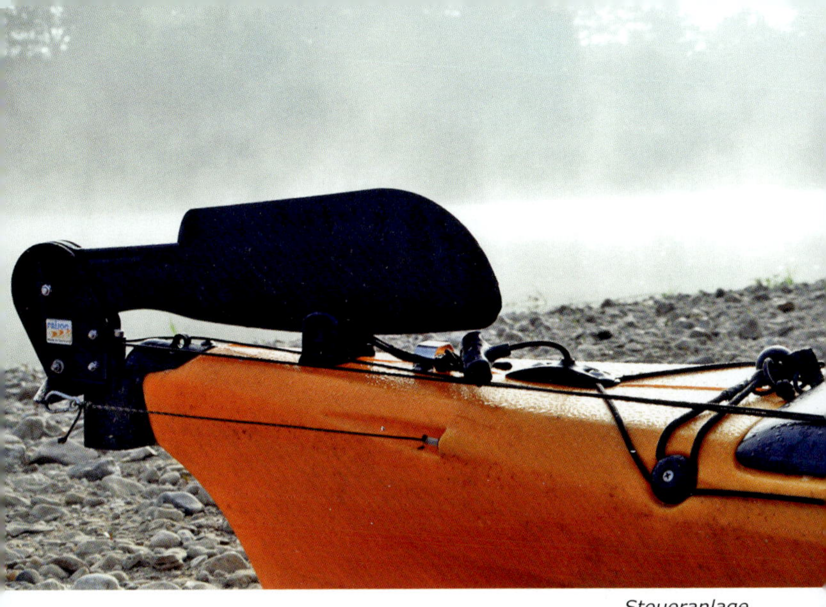

Steueranlage

Die Steueranlage funktioniert nur, wenn Sie Fahrt durchs Wasser machen, je schneller, desto prompter ist die Steuerwirkung. Zur Richtung: rechts treten = rechts fahren und umgekehrt – das gilt für vorwärts und rückwärts.

📖 **Seekajak** von Björn Nehrhoff von Holderberg, OutdoorHandbuch Band 65, Basiswissen für draußen, Conrad Stein Verlag, ISBN 978-3-86686-592-1, € 8,90

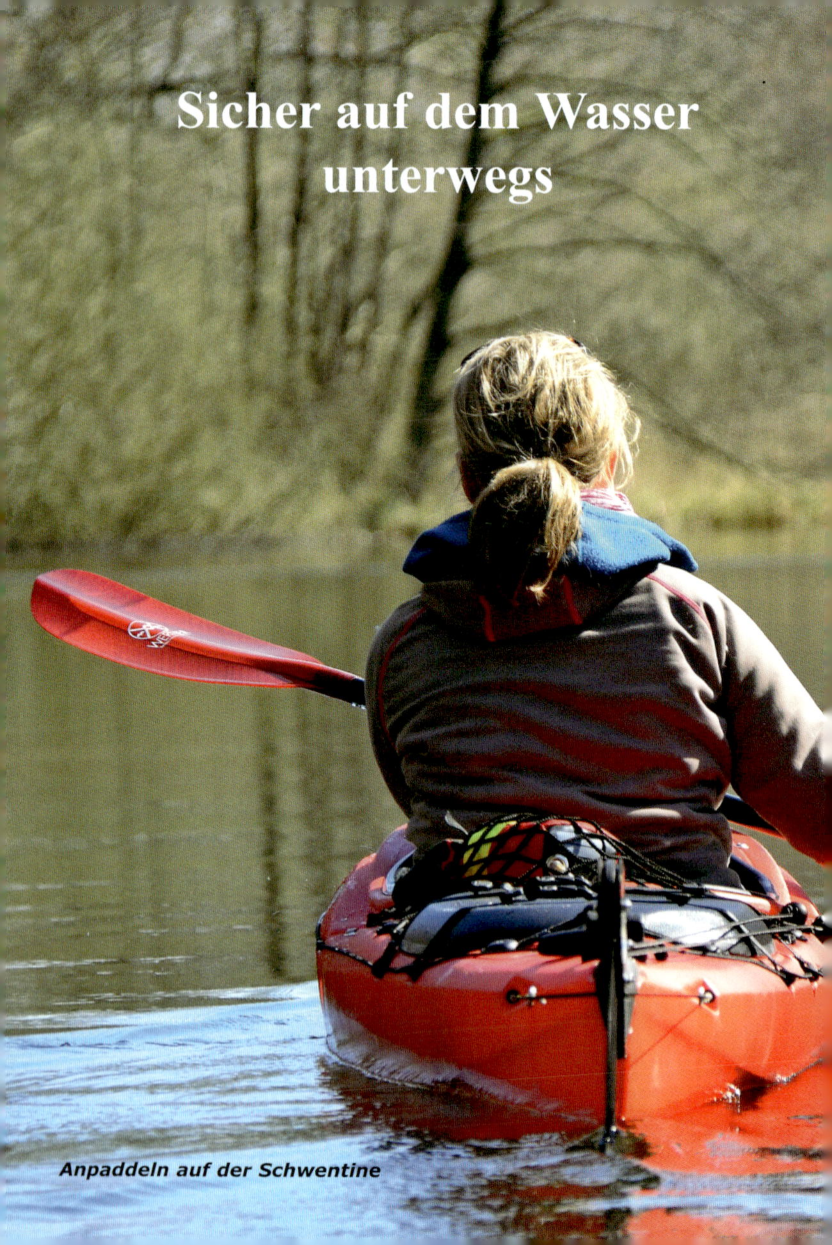

Anpaddeln auf der Schwentine

Seen

Für eine Kanutour in Seengebieten sprechen viele gute Gründe. Je nach Gebiet sind Rundtouren möglich, es gibt meist gute Bademöglichkeiten und der Blick kann in die Ferne schweifen. Um auf Seen sicher unterwegs zu sein, sollten einige Hinweise beachtet werden.

▷ Paddeln Sie immer dicht unter Land – möglichst nicht weiter als 50 m entfernt oder einfach so weit, wie Sie mit Kleidung und Boot im Schlepp im Falle einer Kenterung sicher schwimmen können. ✋ Dieser Abstand verringert sich, je kälter das Wasser ist (☞ Auf Tour, Wetter, Tageslicht, Wassertemperaturen). Die Nähe zum Ufer macht das Paddeln auch deutlich interessanter. Die Aussicht bleibt spannend und Sie nehmen die eigene Geschwindigkeit besser wahr. Allerdings sollten Sie zum Schutz brütender Vögel nicht unmittelbar an einem Schilfgürtel entlangfahren.

▷ Auf Seen sind Sie häufiger auch mit anderen Wasserfahrzeugen konfrontiert. Machen Sie sich vorher mit den geltenden Regeln vertraut (☞ Auf Tour, Vorschriften, Seezeichen und Betonnung).

▷ Auf Seen sollten unerfahrene Kanuten im Kanadier ab 4 Windstärken und im Seekajak ab 5 Windstärken nicht mehr in See stechen und lieber einen Pausentag einlegen (☞ Auf Tour, Wetter, Tageslicht, Wassertemperaturen).

▷ Bei Gewitter steuern Sie sofort das nächste Ufer an und steigen aus.

▷ Müssen Sie bei starkem Wellengang fahren, dann ist es sicherer, seinen Kurs so zu wählen, dass Sie mit dem Bug in die Wellen fahren – wann immer möglich. Liegt das Kanu parallel zu den Wellen, kentert es leichter und Sie fassen mehr Wasser. Beim Einsetzen oder Anlanden kann auch die Brandung zum Problem werden. Es sind allerdings oft nur die ersten Meter am Ufer sehr rau, bevor die Dünung regelmäßiger wird. Manchmal steht vom Sturm am Vortag noch eine hohe Welle, die im Uferbereich stark aufbrandet.

Haben Sie keine geschützte Bucht zum Ein- und Aussetzen, machen Sie lieber einen Tag Pause. Vor steilen Felswänden, Buhnen, Spuntwänden oder Ähnlichem können die Wellen unregelmäßig werden, da sie von der Wand zurückgeworfen werden (Kreuzsee oder Kabbelwasser).

▷ Sie können mit dem Trimm das Verhalten des Bootes bei Wind beeinflussen. Das leichtere Ende wendet sich stets vom Wind ab, da es nicht so tief im Wasser liegt und mehr Angriffsfläche bietet. Wenn Sie mit einem hecklastigen Kanu in den Wind paddeln, werden Sie es schwer haben. Verlagern Sie den Schwerpunkt lieber nach vorne. Nun dreht sich das Boot ganz von selbst in den Wind. Im 2er-Kanu kann das bedeuten, dass die schwerere Person vorne sitzt.

Flüsse

Auf den meisten Flüssen sind Sie dank Strömung, auch ohne viel zu paddeln, fix unterwegs, die Orientierung ist kein Problem und Wind und Welle sind weniger herausfordernd als bei offenen Gewässern. Trotzdem gilt es natürlich auch hier, für eine sichere Fahrt wieder einiges zu beachten.

Paddelt man auf einem Fluss, sollte man sich stets die **Strömungsverhältnisse** vor Augen halten. In der Mitte, über der tiefsten Stelle des Flussbettes, fließt das

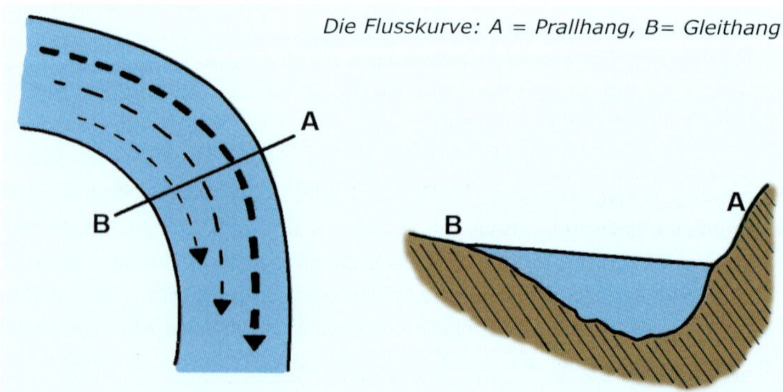

Die Flusskurve: A = Prallhang, B= Gleithang

Wasser am schnellsten, nahe am Ufer langsamer. In Kurven ist die Fließgeschwindigkeit außen am größten. Dort ist das Wasser meist tief und das Ufer steil (**Prallhang**), während in der Innenkurve flache Stellen zu erwarten sind (**Gleithang**). Hier wird wegen der geringeren Fließgeschwindigkeit Sediment abgelagert. Oft entstehen an der Innenseite sogar Kehrwasser. Dann fließt das Wasser in der Innenkurve in entgegengesetzter Richtung flussaufwärts.

Das heißt also, paddeln Sie in der Innenbahn, ungestört von kursändernden Strömungen, laufen Sie Gefahr, auf Grund zu laufen. In der Außenbahn folgen Sie der Strömungsrichtung des Wassers, die Sie in engen Kurven auch gern mal in die Böschung treiben kann. Die Wahrheit liegt wie so oft in der Mitte.

Außerdem hängt die **Fließgeschwindigkeit** von der Wassermenge, dem Querschnitt des Flusses (also Tiefe und Breite) und dem Gefälle ab. Je breiter und tiefer, desto langsamer fließt der Fluss und umgekehrt. Je größer das Gefälle, desto schneller die Strömung und desto flacher das Wasser. Bei einem großen, breiten Fluss kann man also ggf. seine Tour so planen, dass man hin gegen die Strömung und zurück mit der Strömung fährt. Spätestens ab 5 km/h Fließgeschwindigkeit ist das aber echte Quälerei – natürlich abhängig von Bootstyp und Fitness. Wer die Fließgeschwindigkeit messen will, setzt sich einfach ins Boot, lässt sich treiben und aktiviert seine Navigationsapp. Oder Sie rechnen selbst, indem Sie ein Stöckchen eine abgemessene Strecke hinabtreiben lassen und dabei die Zeit stoppen. Dieser Wert ist allerdings normal eher für die Statistiker unter den Paddlern interessant – für eine angenehme Tour benötigen Sie diese Information nicht.

Wenn **Hindernisse** im Fluss auftauchen – meist sind es Steine und Felsen, die sich durch mehr oder weniger lautes Rauschen im Vorfeld ankündigen –, gilt es, die Zeichen an der Wasseroberfläche richtig zu deuten. Wasser, das an einem Stein vorbeifließt, wird u-förmig gespalten, unabhängig davon, ob er aus dem Wasser ragt oder knapp unter der Wasseroberfläche liegt. Der Radius des „U" weist auf den Radius des Steines hin: Vor kleinen Steinen spaltet sich das Wasser eher v-förmig. Alle diese Stellen müssen Sie meiden.

Oft lassen sich freie Durchfahrten, sogenannte **Stromzungen**, zwischen Hindernissen in Form dunkler, flussab gerichteter **„V"** finden (C, D und E). Das Wasser wirkt hier häufig ein wenig aufgebäumt, sodass das unerfahrene Auge hier gern das eigentliche Hindernis vermutet.

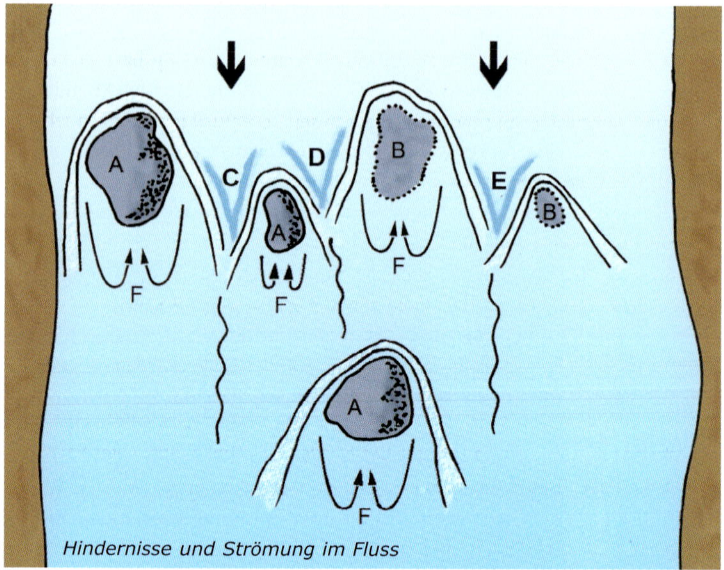

Hindernisse und Strömung im Fluss

Bei starker Wasserführung bilden sich hinter einer Stromzunge regelmäßige Widerwellen, die allerdings nicht auf Steine hinweisen, sondern tiefes Wasser andeuten und damit Ihre freie Durchfahrt (Schlangenlinien in Abb. s. o.). Es ist wichtig, Widerwellen von Wellen überflossener Steine unterscheiden zu können.

Hinter nicht überspülten Steinen finden sich Zonen ruhigen, leicht flussauf strömenden Wassers. Diese bezeichnet man als **Kehrwasser** (F).

☺ Sind Sie sich unsicher, welcher Kurs der beste ist, fahren Sie vor dem Hindernis ans Ufer, steigen Sie aus und schauen Sie sich den Abschnitt in Ruhe an. Sind die Strömungsverhältnisse unklar, kann es helfen, ein Stück Holz ins Wasser zu werfen. Es wird Ihnen zeigen, wie die Strömung verläuft. Sind Sie dann immer noch unsicher, ist es keine Schande, das Boot an dieser Stelle aus dem Wasser zu holen, die Stelle an Land zu **umtragen** und hinter dem Hindernis wieder einzusetzen.

Zur Klassifizierung des Schwierigkeitsgrades werden auch bei Flusswanderstrecken in Flussführern oft Angaben anhand der Wildwasserskala gemacht. Die Schwierigkeitsstufen sind von I (leicht) bis VI (extrem schwierig bzw. unfahrbar) eingeteilt. Mit einem beladenen Kanu auf Wanderfahrt kann, je nach Können und Erfahrung, Wildwasser III sehr problematisch sein, eventuell jedoch noch fahrbar.

Wildwasserklassifizierung:

Einstufung	Sicht	Wasser und Flussbett
I nicht schwierig	freie Fahrt	Strömung u. Wellen regelmäßig mit kl. Schwällen, nur einfache Hindernisse
II mäßig schwierig	freie Durchfahrten	Strömung u. Wellen unregelmäßig mit Walzen, Presswasser, einfache Hindernisse und kleine Stufen
III schwierig	unübersichtliche Durchfahrten	Große und unregelmäßige Wellen, große Schwälle, Wirbel, Walzen und Presswasser, einzelne Blöcke, Stufen und andere Hindernisse im Stromzug
IV sehr schwierig	Durchfahrten nicht ohne Weiteres erkennbar, meist Erkundung notwendig	Kräftige Wirbel, Walzen und Presswasser, versetzte Blöcke im Stromzug, höhere Stufen mit Rücksog
V äußerst schwierig	Erkundung unerlässlich	Extreme Wirbel, Walzen und Presswasser, enge Verblockungen, hohe Stufen mit schwierigen Ein- und Ausfahrten
VI Befahrbarkeitsgrenze	bei bestimmten Wasserständen mit hohem Risiko evtl. befahrbar	

Beachten Sie, dass ein Fluss abhängig vom Wasserstand unterschiedlich gut befahrbar sein kann. Einige Flüsse sind bei Niedrigwasser schwieriger zu befahren, weil Hindernisse (Steine, Pfähle) auftauchen, die bei Mittelwasser noch überfahren werden konnten.

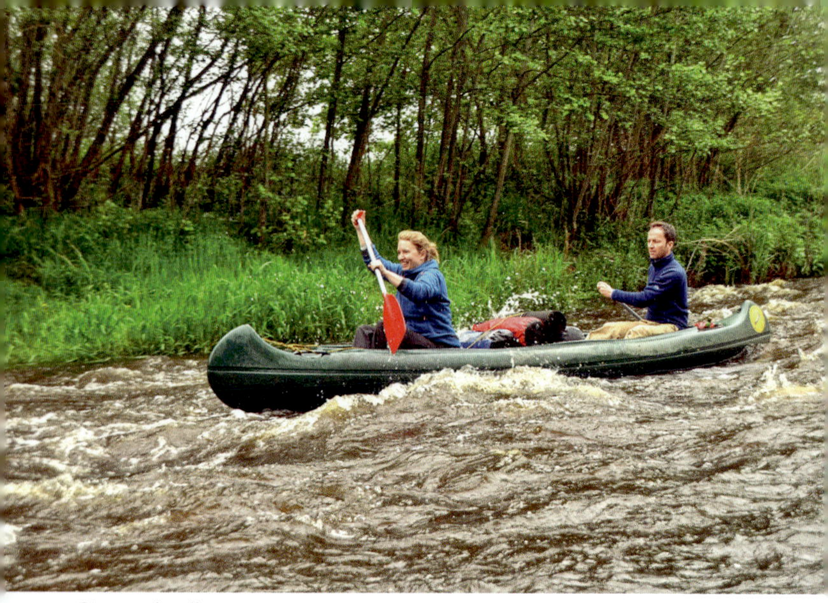

Stromschnelle

Andere werden bei Hochwasser zu tosenden Wildflüssen von enormer Gewalt. Flussbeschreibungen können also sehr unterschiedlich ausfallen, je nachdem, bei welchem Wasserstand der Fluss befahren wurde.

An dieser Stelle noch einmal ganz deutlich der Hinweis: Nach unserem Verständnis schließt ein echter Wildwasserfluss eine Kanuwanderung mit Gepäck zumindest für Freizeitpaddler aus. Wildwassertouren erfordern Erfahrung und eine grundlegende Paddelausbildung.

Baumhindernisse sind in naturbelassenen Flüssen eine häufige Herausforderung. Sehen Sie einen Baum quer über dem Fluss liegen, bremsen Sie Ihre Fahrt deutlich ab und nähern Sie sich vorsichtig an. Ist unter dem Baum ausreichend Platz, dass Sie sich durch einfaches Wegducken mit der Hand am Baum hindurchschieben können, tun Sie das. Aber Vorsicht bei starker Strömung. Wenn Sie quer zum Baumhindernis zu liegen kommen, sind Sie schnell gekentert. Achten Sie in der Gruppe auf ausreichend Abstand zum Vorderboot. Sitzt man im Kanadier zwar zu hoch für den Baumstamm, aber das Boot ohne Paddler passt unten durch, kann nacheinander jeder Paddler im Boot vorsichtig über den Baum klettern und dahinter wieder einsteigen. Die Strömung sollte so schwach sein, dass bequemes und sicheres Manövrieren möglich ist.

Bei zu hoher Fließgeschwindigkeit sollten Sie Baumhindernisse immer umtragen.

Ragt **Buschwerk** über den Fluss und Sie schaffen es nicht, rechtzeitig auszuweichen, ducken Sie sich entweder nach vorn oder nach hinten, aber niemals zur Seite – ein unfreiwilliges Bad wäre in diesem Fall die wahrscheinliche Folge.

Baumhindernis-Limbo

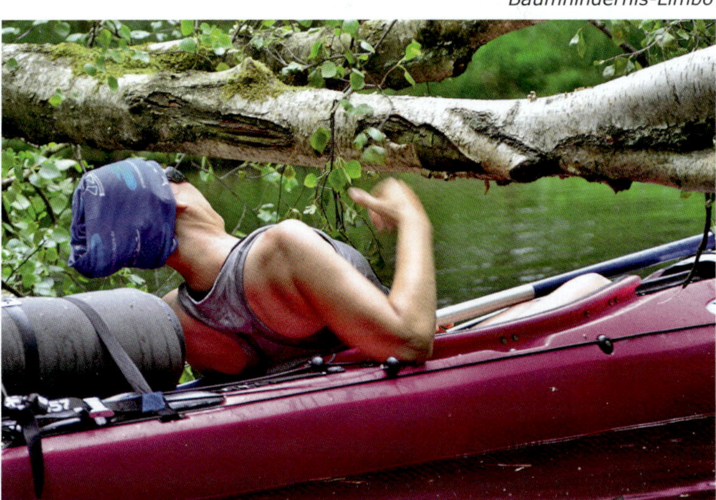

Hindernisse

Für alle Hindernisse gilt gleichermaßen: Wenn Sie sich nicht völlig im Klaren darüber sind, was Sie erwartet, heißt es grundsätzlich anlanden und angucken. Sind Sie sich auch nach der Besichtigung Ihrer Sache nicht sicher, sollten Sie umtragen.

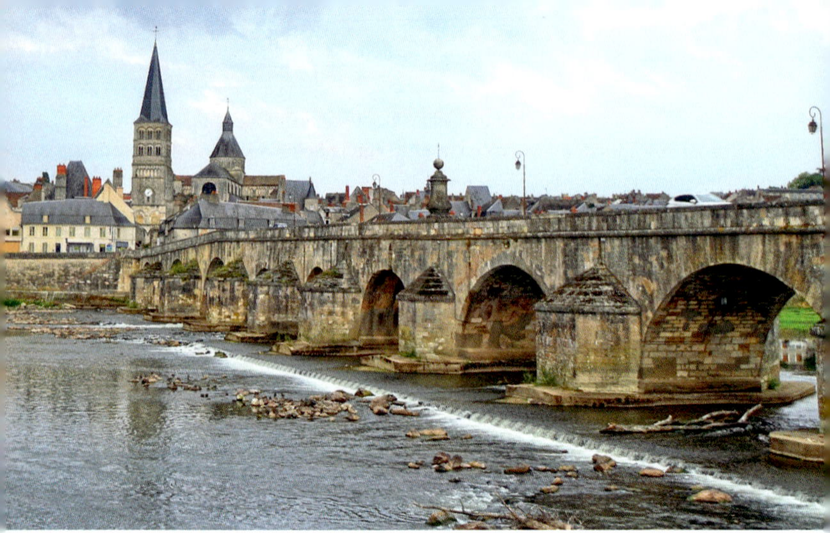

Steinbogenbrücke mit Hindernissen

▷ **Brücken** sind für Paddler immer ein guter Orientierungspunkt – spätestens hier können Sie sich genau auf der Karte wiederfinden. Ein Problem kann die Höhe von Brücken werden – je nach Wasserstand kann hier ein ☞ Umtragen oder ☞ Treideln erforderlich sein. Bei geringer Strömung fahren Sie einfach dicht genug heran, dass der vorne sitzende Paddler abschätzen kann, ob ein Unterfahren passt. Bei starker Strömung tragen Sie gleich um, wenn Zweifel an der Durchfahrtshöhe bestehen.

Bei alten Steinbogenbrücken ist die Durchfahrt häufig nicht unter allen Bögen möglich, da oft Geröll und Bewehrung des Brückenfundamentes eine freie Passage verhindern. Beobachten Sie die Wasseroberfläche – fließt der Fluss gleichmäßig hindurch, können Sie hier auch problemlos paddeln.

Ein sicheres Zeichen für die Passierbarkeit ist die Schiffbarkeit des Flusses bzw. Seenabschnittes. Häufig zeigen auch Seezeichen an der Brücke an, welches Segment befahrbar ist. Achten Sie hier auf die Vorfahrtsregeln (☞ Auf Tour, Vorschriften, Seezeichen und Betonnung).

Hier bieten auch Fluss-/Kanuführer gute Dienste! So wissen Sie gerade bei breiteren Flüssen bereits im Vorfeld, von welcher Seite Sie anfahren sollten.

▷ **Wehre** sind Staustufen in einem Fluss oder zwischen Seen. Sie werden gebaut, um Wasser umzuleiten oder die Strömungsgeschwindigkeit zu reduzieren. In der Regel können Wehre mit dem Kanu nicht befahren werden. In beliebten Paddelgebieten mit passender Infrastruktur gibt es häufig komfortable Möglichkeiten, das Hindernis zu umgehen (☞ Umsetzhilfen). In Paddelführern und auf guten Wassersportkarten sind die Wehre jeweils eingezeichnet. Vor Ort kündigen sie sich meist bereits frühzeitig mit lautem Rauschen – und nicht selten auch durch ein Schild – an.
Es gibt einige Wehre, die mit dem Kanu befahrbar sind. Meist handelt es sich dabei um verfallene und vor allem niedrige Staustufen. Schauen Sie sich solche Wehre immer vor Befahren vom Land aus an – auch wenn im Kanuführer steht, dass sie grundsätzlich befahrbar sind. Wasserstand und mobile Hindernisse wie z. B. Baumstämme können die Situation vor Ort schnell verändern und eine Befahrung unmöglich machen. Im Zweifel – immer umtragen!

▷ **Umsetzhilfen**: Moderne Wehre besitzen manchmal Bootsrutschen oder -gassen. Das sind speziell für Paddler gebaute Abschnitte der Stauanlage, über die ausreichend Wasser abfließt, sodass sie mit dem Kanu befahren werden können. Fließt wenig Wasser durch die Bootsgasse, kann es durch nach oben gerichtete „Besen“ angestaut werden. So wird den Booten kein Schaden zufügt. Bei größeren Anlagen wird die Bootsgasse auf Anforderung geflutet und eine Ampel gibt grünes Licht für die Durchfahrt.
An anderen Wehren stehen Loren auf Schienen zur Verfügung. Das Boot wird bereits im Wasser auf die Lore gesetzt und zusammen mit ihr aus dem Wasser und auf Schienen über Land gezogen. Auf kurzen Strecken trifft man auf Bootsschleppen, die mit Gummimatten oder Rollen ausgestattet sind und so ein müheloseres Ziehen über Land ermöglichen.

▷ Kleinere **Schleusenanlagen** werden meist im Handbetrieb bedient, bei größeren gibt es in der Regel einen Schleusenwärter. Für die Selbstschleusung sind immer Hinweisschilder zum Gebrauch vorhanden. Keine Schleuse ist wie die andere. Teilweise wird für das Schleusen eine Gebühr erhoben und nicht immer ist es möglich oder ratsam, die Schleusen zu umtragen (steile Treppen).

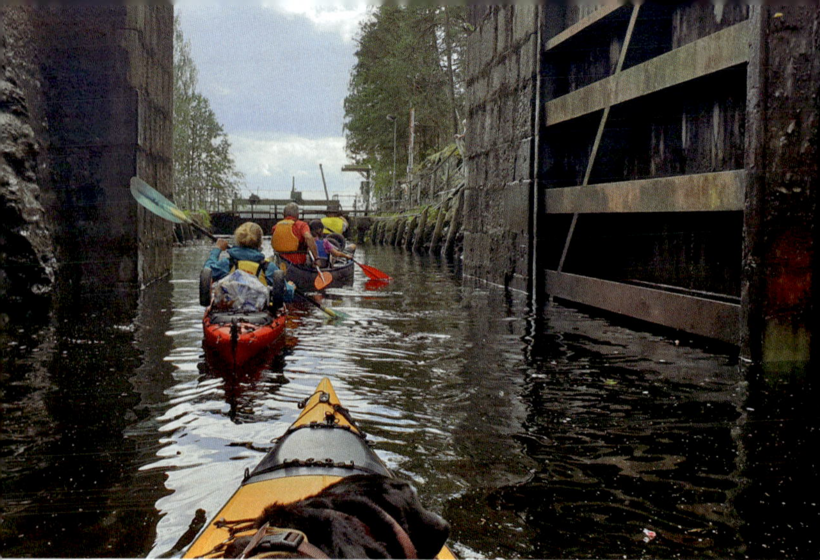

Schleuse

Die Einfahrt in eine bzw. die Ausfahrt aus einer Schleuse ist freigegeben, wenn grünes Licht aufleuchtet, ein grün-weiß-grünes Schild zu sehen ist oder der Schleusenwärter das Zeichen gibt.
In der Schleuse darf das Kanu nicht fest vertäut werden. Bei sinkendem oder steigendem Wasserstand muss das Boot folgen können. Man sollte den Bereich direkt vor den Schleusentoren meiden, da es hier durch ein-/abströmendes Wasser oft turbulent wird. Wenn Sie zusammen mit größeren Schiffen in der Schleusenkammer sind, achten Sie darauf, nicht direkt neben deren Auspuff zu liegen. Beim Anlassen stößt dieser gern eine ordentliche Rußwolke in Kopfhöhe von Paddlern aus.

▷ **Treideln**: Ist genug Wasser im Fluss, um das Boot durch eine Passage zu bugsieren, die nicht mit Besatzung befahrbar ist, kann man das Kanu treideln. Das können z. B. Bootsgassen oder Fischtreppen, niedrige Stege oder Brücken oder Abschnitte mit Untiefen sein, bei denen das voll besetzte Boot aufsetzen würde. Zum Treideln benötigen Sie auf jeden Fall am Boot befestigte Bug- und Heckleinen (☞ Boote und Zubehör, Leinen und Gurtbänder). Sie führen das Boot durch den Engpass und lassen die

Strömung für sich arbeiten. Das vordere Band ist dabei für die Kurskorrektur und das hintere Band zum Bremsen. Achten Sie darauf, dass das Boot beim Treideln nicht quer zur Strömung liegt, da die Gefahr besteht, dass es vollläuft oder kentert. Gerät das Boot doch einmal quer zur Strömung, versuchen Sie nicht, es wieder zurückzuziehen. Lassen Sie es einmal herumdrehen und treideln Sie dann in umgekehrter Richtung weiter.

Treideln

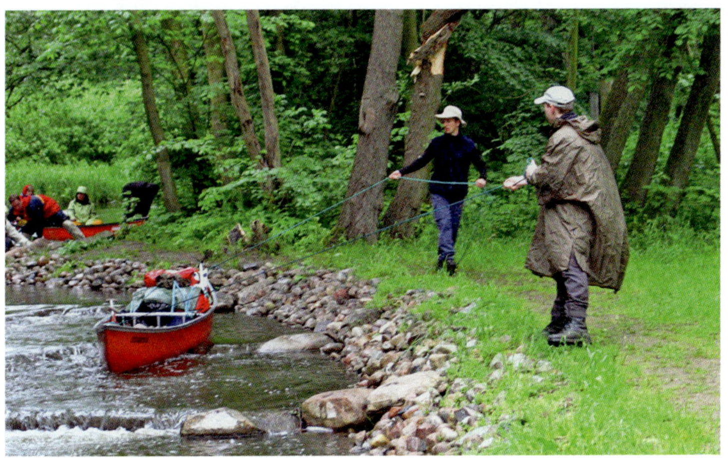

▷ **Umtragen**: Ist weder Treideln noch Befahren möglich und gibt es keine Umsetzhilfen, kommen Sie nicht darum herum, das Kanu aus dem Wasser zu holen und umzutragen. Da es kaum Gebiete gibt, die Sie als Pionier zum ersten Mal befahren, folgen Sie hier einfach den Spuren Ihrer Vorgänger. Bitte versuchen Sie, mit der Uferböschung möglichst pfleglich umzugehen, um Erosion vorzubeugen. Überall, wo es möglich ist, setzen wir auch bei kurzen Umtragestellen unseren Bootswagen ein – der Rücken dankt. Lässt die Stelle den Einsatz des Bootswagens nicht zu, tragen entweder alle Mitpaddelnden Kanu für Kanu gemeinsam bis zur nächsten Einsatzstelle oder, wenn nicht genug Muskelkraft mitfährt, heißt es: Boot auspacken und Gepäck und Boot jeweils einzeln tragen. Besonders mit einem Kajak freuen Sie sich nun, wenn Sie IKEA-Tüten dabeihaben, die schnell und unkompliziert kleine Ausrüstungsteile und Lebensmittel aufnehmen und gesammelt transportieren. Achtung bei Falt- und Segmentbooten: Diese sollten nicht voll beladen getragen werden. Und bedenken Sie – jeder Gang macht schlank.

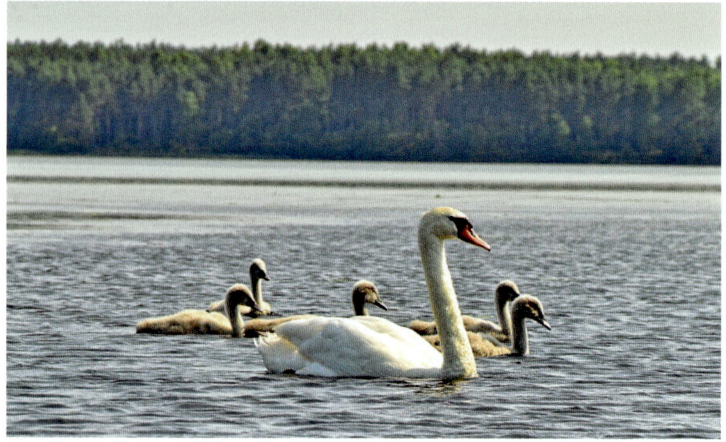

Wehrhafte Schwanfamilie – besser aus der Ferne bewundern

▷ **Lebendige Hindernisse**: So anmutig ein **Schwan** dahingleitet, kann er doch für einen Wassersportler ein wehrhaftes Hindernis sein. Ist der Vogel wütend, greift er an und lässt Sie problemlos kentern. Wann immer möglich, sollten Sie einen respektvollen Abstand halten. Besondere Vorsicht ist bei Elterntieren geboten. Geraten Sie niemals zwischen Mamaschwan und ihre Brut.

Weidetiere, wie Kühe und Pferde, nehmen ab und zu gern ein kühlendes Bad im Fluss. Auch hier empfiehlt sich ein respektvoller Abstand beim Passieren. Weniger gefährlich, aber dennoch erwähnenswert sind die Begegnungen mit Anglern. Halten Sie Abstand und vermeiden Sie unnötigen Lärm. So verhindern Sie das Verheddern in einer Angelschnur und alle können gemeinsam ungestört die Natur genießen.

Sog und Schwell

Auf vielen Seen, größeren Flüssen und auf Kanälen teilen sich Kanuten ihr Paddelrevier mit weiteren Verkehrsteilnehmern. Neben den allgemeinen Vorschriften- und Vorfahrtsregeln (Auf Tour, Vorschriften, Seezeichen und Betonnung), die das gedeihliche Miteinander regeln, gibt es auch zwei paddeltechnische Besonderheiten zu beachten: Sog und Schwell.

Schwell bezeichnet die von Booten verursachten Wellen, die sich v-förmig vom Bug des fahrenden Bootes nach links und rechts wegbewegen. Interessanterweise heißt großes Boot nicht automatisch auch großer Schwell. Entscheidend ist vielmehr, wie viel Wasser verdrängt wird und wie schnell das Schiff unterwegs ist. Grundsätzlich sind diese Wellen kein großes Problem, da Sie sie schon lange kommen sehen.

Sie behandeln den Schwell wie eine ganz normale Welle – d. h., Sie drehen mit dem Bug in die Welle hinein. Schwierig wird es nur auf engen Flüssen oder Kanälen, wo wenig Platz zum Manövrieren ist. Auch kann es hier zu Echowellen von der Seite kommen, die zusammen mit dem frischen Schwell für Kabbelwasser sorgen können. In den meisten Fällen herrscht aber ein freundliches Miteinander und die Freizeitkapitäne drosseln die Geschwindigkeit beim Passieren für einen netten Gruß.

Sog ist ein Phänomen, das vor allem auf Bundeswasserstraßen wie z. B. Elbe oder Rhein eine Rolle spielen kann. Dabei saugt die Schiffsschraube der – wirklich – großen Kähne bei Niedrigwasser das Wasser in die Mitte des Flusses. Als Kanute, der am Rand des Flusses fährt, bedeutet das, dass man trockenfällt, also auf Grund läuft. Sobald das Schiff passiert ist, kommt das Wasser in einer großen Welle zurück und kann über Deck schwappen oder das Boot zum Kentern bringen. In den üblichen Kanurevieren, die man sich höchstens mit Hausbooten oder kleinen Ausflugsdampfern teilt, taucht dieses Phänomen nicht auf.

Notfälle

Wenn Sie outdoor unterwegs sind, kann es vorkommen, dass Sie nicht so eng in das medizinische Sicherheitsnetz eingebunden sind wie gewohnt. Daher kommt dem Vorbeugen von Notfällen besonders große Bedeutung zu.

▷ Nehmen Sie sich Zeit. Wenn das Wetter eine sichere Weiterfahrt nicht zulässt, lassen Sie z. B. lieber den Zug nach Hause ohne Sie fahren, statt sich unnötig in Gefahr zu begeben. Planen Sie am besten von vornherein Reservetage für Unvorhergesehenes ein.

▷ Gehen Sie keine unnötigen Risiken ein. Sind Sie sich nicht sicher, dass ein Hindernis einfach befahren werden kann, tragen Sie lieber um.

▷ Paddeln Sie immer in Ufernähe, um im Falle einer Kenterung jederzeit sicher an Land schwimmen zu können.

▷ Paddeln Sie – vor allem als Anfänger – nicht allein. Sollten Sie doch allein unterwegs sein wollen, suchen Sie sich am besten ein Revier aus, in dem es zumindest eine gute Netzabdeckung für Ihr Handy gibt und wo regelmäßig andere Wassersportler vorbeikommen und im Fall der Fälle weiterhelfen können.

▷ Nicht nur im Kanu – frischen Sie gern mal wieder Ihre Erste-Hilfe-Kenntnisse auf und nehmen Sie eine Erste-Hilfe-Tasche mit auf Tour.

▷ Denken Sie an eine Kopfbedeckung, um auch bei kühlem Wetter einem Sonnenstich vorzubeugen. Warme Wechselkleidung ist auch bei Tagestouren ein Muss, um nach unfreiwilligem Wasserbad nicht gefährlich auszukühlen.

▷ Vergessen Sie nicht Ihre persönlichen Dauer- und Notfallmedikamente.

▷ Die allgemeine europäische Notfallnummer lautet ☏ 112. Erkundigen Sie sich bei außereuropäischen Zielen bereits vor der Tour nach den passenden Notfallnummern. Auch wenn eine Kanutour eine gute Gelegenheit ist, einmal „digital detox" zu betreiben – für den Fall der Fälle sollten Sie immer ein Handy dabeihaben.
Auch ausgeschaltet im Gepäcksack haben Sie so im Notfall die Möglichkeit, Hilfe herbeizurufen.

▷ Notsignale: Um andere auf Ihre Notlage aufmerksam zu machen, nutzen Sie Ihre Signalpfeife für akustische Notsignale: 3 Pfiffe – Pause – 3 Pfiffe usw.

In Dämmerung oder Dunkelheit nutzen Sie Ihre Lampe für optische Notsignale: 3 x leuchten – Pause – 3 x leuchten usw. Bei guter Sicht heben und senken Sie die seitlich ausgestreckten Arme.

Kenterung

Ist es so weit und das Boot kippt, ist das wichtigste Manöver das sichere Aussteigen. Im offenen Kanadier finden Sie sich schneller im Wasser wieder, als Sie gucken können. Im Kajak ist das meist ganz ähnlich, aber hier gibt es ggf. zwei Dinge zu beachten: Ist die Luke relativ eng bemessen, greifen Sie mit beiden Händen rechts und links neben Ihrem Körper an den Süllrand und drücken sich aus der Luke. Wenn Sie mit Spritzdecke fahren, achten Sie darauf, dass die vordere Lasche immer außen hängt. So können Sie sie im Falle einer Kenterung als Erstes greifen und daran ziehen – und schon ist die Spritzdecke ab.

Kentertraining bei schönem Wetter

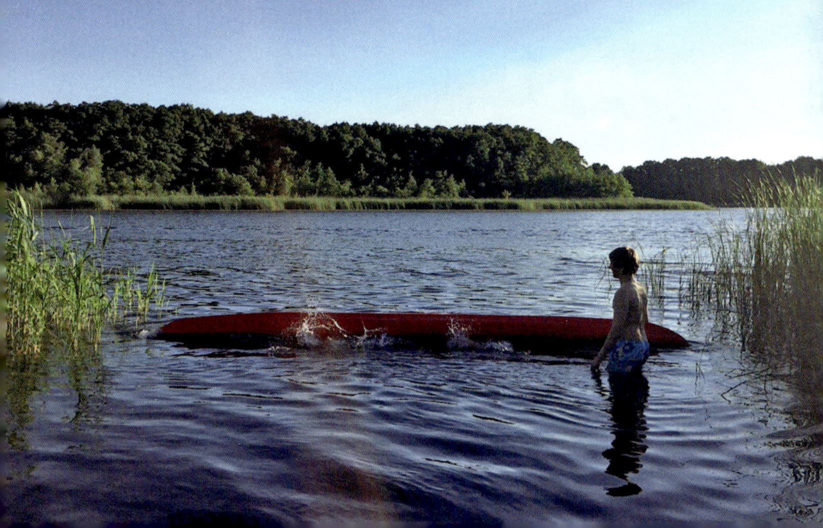

Auch dies ist allerdings nur selten nötig. Normalerweise löst sich die Spritzdecke durch das Eigengewicht des Paddlers bereits von selbst. Für Kajaks an dieser Stelle ein Sicherheitshinweis: Gepäckstücke jeder Art haben in der Sitzluke nichts verloren!

Sind Sie sicher aus dem Boot heraus, gilt es in erster Linie, sich selbst sicher an Land zu bringen. Kanu und Gepäck sind demgegenüber erst einmal zweitrangig! In Flüssen mit hoher Fließgeschwindigkeit ist das Kanu vermutlich bereits ohne Sie unterwegs. Bringen Sie sich möglichst schnell mit den Füßen voran in Rückenlage, um sich gut vor Hindernissen im Fluss zu schützen. Können Sie das Kanu noch greifen, bleiben Sie auf jeden Fall hinter dem Kanu und schieben es als Schutzschild vor sich her. Ein vollgelaufenes Kanu ist zu schwer, um es an Land zu heben, d. h., Sie müssen zunächst das Gepäck bergen und das Kanu dann ausschöpfen. Hierzu nutzen Sie, was Sie haben – z. B. eine IKEA-Tüte, einen leeren Packsack oder ein Kochtopf.

Boot ausleeren

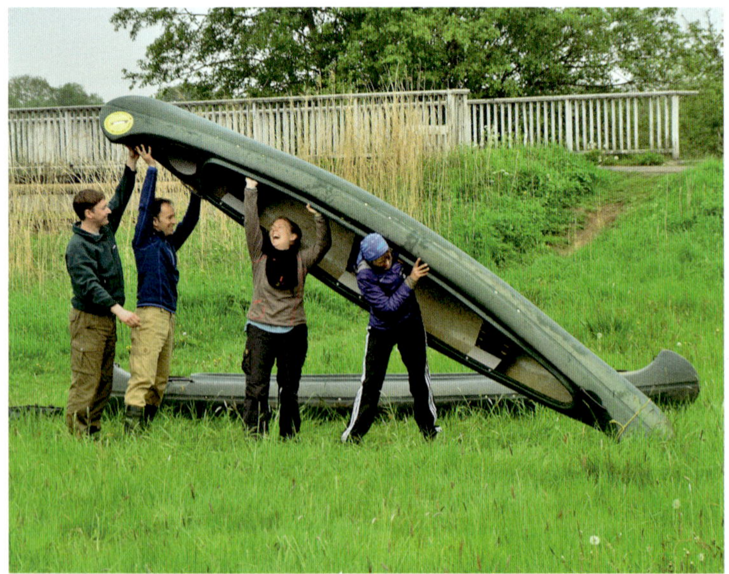

Auf einem See sind Sie jetzt vermutlich froh darüber, so dicht am Ufer gepaddelt zu haben. Sollte dies nicht der Fall sein: Bringen Sie sich selbst in Sicherheit und schwimmen Sie ohne Boot an Land. Sind Sie in einer Gruppe unterwegs, ist jetzt ein guter Zeitpunkt, Ihre Pfeife zu benutzen. Das erste eintreffende Boot kümmert sich immer ausschließlich um die Schiffbrüchigen. Versuchen Sie nicht, seitwärts in das rettende Kanu zu klettern – dies führt aller Wahrscheinlichkeit nach lediglich zu einer weiteren Kenterung. Schwimmen Sie vielmehr zum Heck des Bootes, halten sich dort fest und lassen sich an Land schleppen.

Rettungsmanöver

Für den Wiedereinstieg ins gekenterte Boot auf dem Wasser gibt es – zumindest in der Theorie – auch einige Techniken. Nach unserer Erfahrung ist es am effektivsten, an Land zu schwimmen und von dort alles Weitere zu planen. Und sei es, zumindest die schweren Klamotten auszuziehen, um dann in Unterwäsche noch einmal zurückzuschwimmen und das Boot zu bergen.

Es macht auf jeden Fall Spaß, an einem warmen Sommertag das Kentern in einem leeren Boot einmal auszuprobieren. So bekommt man auch gleich ein gutes Gefühl für die Wasserlage des Kanus.

▷ Für ein **Kanufloß** benötigt man mindestens zwei Kanus. Je mehr Boote dabei sind, desto stabiler wird es. Die Kanus liegen dabei längsseits nebeneinander und die Paddel werden quer über die Boote gelegt und festgehalten. Selbst bei anständigem Wellengang erhält man so ein stabiles Konstrukt, das auch für kurze Essenspausen und Absprachen in der Gruppe wunderbar geeignet ist. Mit diesem Manöver kann man im Notfall auch eine bewusstlose Person aus dem Wasser ziehen und quer über die Bootsdecks legen. Dafür zieht die kräftigste Person im äußersten Kanu den Bewusstlosen an der Schwimmweste in einer bogenförmigen Bewegung mit Schwung an Deck. Dies wird unterstützt durch die umsitzenden Paddler, sobald sie den zu Rettenden greifen können. Besteht das Floß nur aus zwei schmalen Kajaks, sollte das Heben vom Paddler auf der der zu rettenden Person abgewandten Seite erfolgen. Dieser kann sich weit über die Seite seines Bootes hinauslehnen und auf das neben ihm liegende Boot abstützen und ist so vor einer Kenterung gesichert. Der andere Paddler stabilisiert die beiden Boote und unterstützt das Herausheben, ohne sich zur Seite zu lehnen.

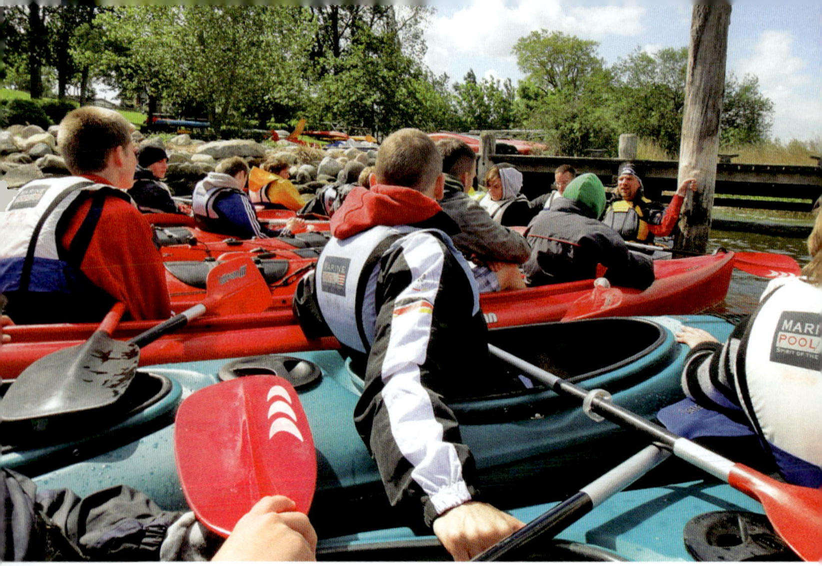

Kanufloß

- Zum Entleeren eines vollgelaufenen Kanadiers in tiefem Wasser können Sie sich, sofern Sie mit zwei Booten unterwegs sind, an der **Boot-über-Boot-Rettung** versuchen. Das rettende und das gekenterte Kanu liegen im rechten Winkel zueinander. Das gekenterte Kanu wird nach kieloben gedreht, über die Mitte des anderen Bootes gehoben und läuft dabei leer. Liegt es mittig auf dem Rettungsboot, kann es umgedreht und wieder ins Wasser abgesetzt werden. Diese Methode ist sehr gut, funktioniert aber nur bei unbeladenen Kanadiern. Probieren Sie es bei schönem Wetter aus – auf jeden Fall ein großer Badespaß.

- Im Kajak können Sie die Havarie nach einer Kenterung komplett verhindern, wenn Sie die berühmte **Eskimorolle** beherrschen. Diese ermöglicht Ihnen, nach einer Kenterung in einem Zug das Boot mit Einsatz von Paddel und Körpergewicht wieder aufzurichten – Sie beschreiben dabei eine komplette Rolle. Diese ist, vor allem im voll beladenen Seekajak, allerdings eine Kunst für sich. Kanuvereine bieten häufig extra Kurse in Schwimmbädern dazu an. Selbst nach einem Kurs benötigt es allerdings viel praktische Übung, um dieses Manöver auch in jeder Situation zu meistern.

▷ Wenn ein Kanu noch nicht gekentert, aber aus irgendeinem Grund manövrierbehindert ist, das Paddel verloren oder die Paddler zu erschöpft sind, um selbst weiterzufahren, kann es von einem anderen Boot **abgeschleppt** werden. Im Handel gibt es dazu auch passende Abschleppgeschirre zu kaufen. Sie befestigen an der Bugspitze des abzuschleppenden Kanus ein ausreichend langes Seil (ca. 15 m) und binden sich, wenn Sie kein Geschirr haben, das andere Ende locker um den eigenen Körper. So ziehen Sie das abzuschleppende Kanu gleich in den richtigen Kurs. Nun fahren Sie langsam los, bis sich das Seil gespannt hat. An den Geschirren sind Ruckdämpfer angebracht, um den Moment abzupuffern, an dem sich das Seil spannt, aber es geht notfalls auch ohne. Wenn Sie einen Wurfsack dabeihaben, ist das enthaltene Seil bereits ein wenig elastisch. Nun paddeln Sie gleichmäßig in gemäßigtem Tempo voran.

Boot-über-Boot-Rettung

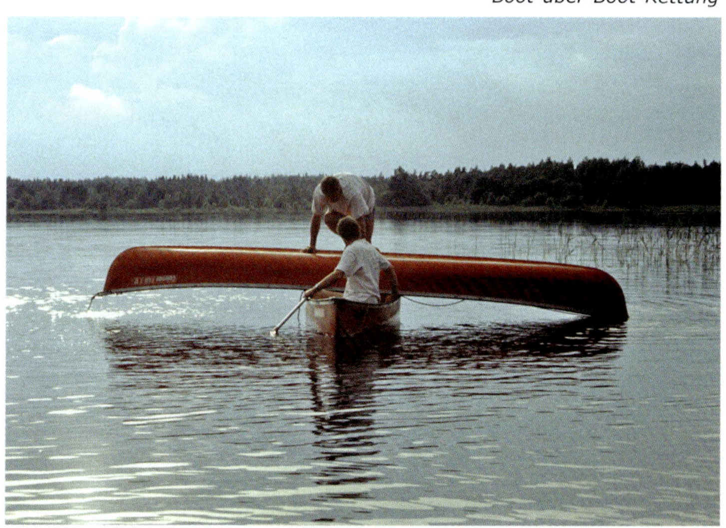

Die Tour

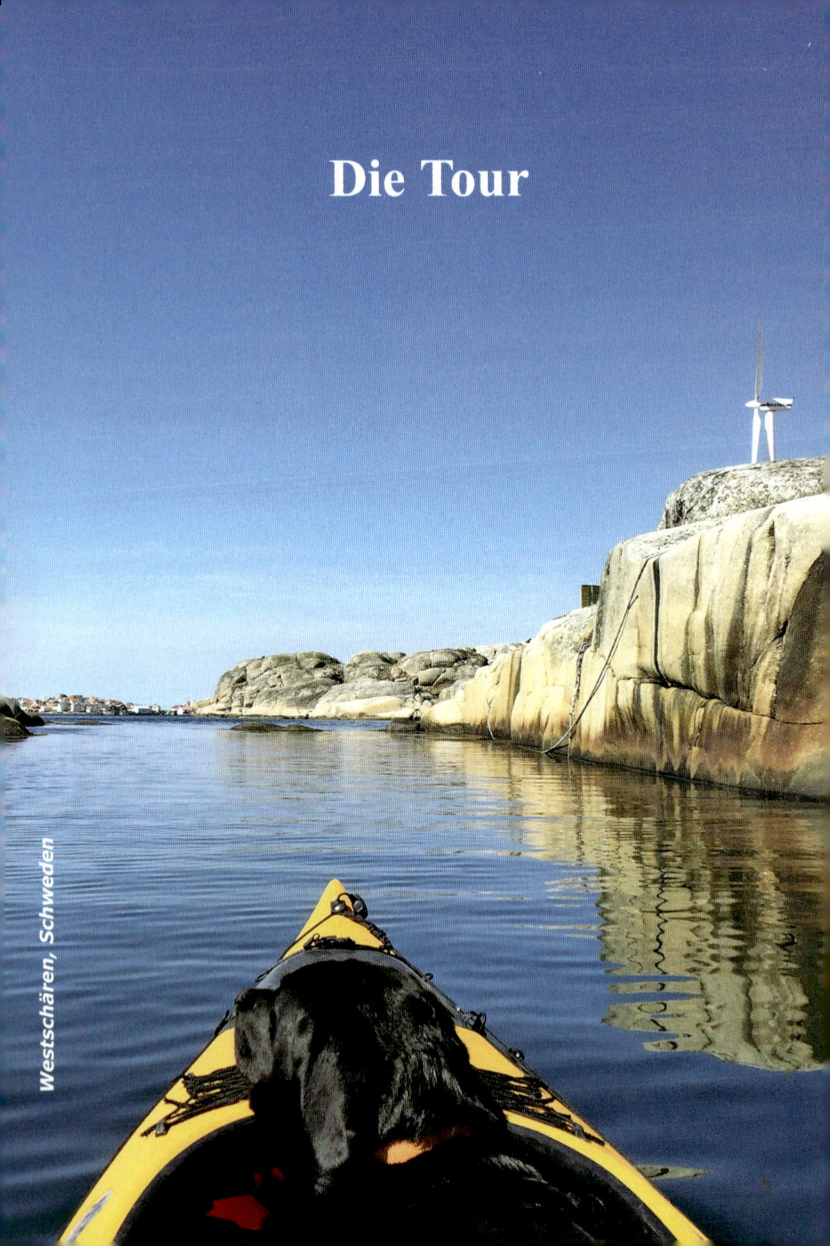

Westschären, Schweden

Bevor es losgeht

Tourenplanung

Bei der Wahl des Gebietes für Ihre Kanuwanderung spielen unterschiedliche Faktoren eine Rolle. Wenn wir nicht gerade ein bestimmtes Traumziel im Blick haben, das wir immer schon einmal befahren wollten, grenzen wir die Auswahl des Paddelgebietes anhand der folgenden Fragen ein.

▷ Dauer: Wie viel Zeit haben wir zur Verfügung?

▷ Anfahrt: Wie lange darf die Anfahrt dauern, damit das Verhältnis Zeit im Boot und Zeit für die Anreise passt?

▷ Klima: Mit welchem Wetter ist zu der gewünschten Reisezeit zu rechnen – Niederschlag, Temperatur, Wind, Trockenheit? Das zu erwartende Wetter muss natürlich bei der Auswahl von nötiger Ausrüstung und Kleidung berücksichtigt werden. Extreme Trockenheit kann dazu führen, dass Teile der geplanten Tour komplett für die Befahrung gesperrt sind.

▷ Mitpaddler: Wer paddelt mit und welche Strecken/welchen Schwierigkeitsgrad kann das schwächste Gruppenmitglied mit Freude bewältigen?

▷ Kanu: Wollen wir lieber Kajak oder Kanadier fahren?

▷ Kanuvermieter: Gibt es vor Ort Kanuvermieter, die die entsprechenden Boote anbieten?

▷ Übernachtung: Sind für die Gruppe passende Übernachtungsmöglichkeiten vorhanden?

▷ Fahrzeuglogistik: Wer eigene Boote hat, kennt das Problem: Wie kommt man zurück zum eigenen Fahrzeug am Startpunkt? Gibt es am Ende der Tour Zugang zum ÖPNV? Vermieter bieten in der Regel einen Fahrtservice an.

Haben Sie sich für eine Tour entschieden, geht es in die **Detailplanung**. Dabei sollten Sie die folgenden Punkte recherchieren:

▷ Ist mein Boot für diese Tour geeignet?
Wir halten z. B. einen Kanadier für eine Ostseeküstentour nicht für geeignet. Ein Kajak ist eventuell bei stark mäandernden Flüssen mit vielen Baumhindernissen keine gute Wahl. Ist mit vielen Untiefen zu rechnen, könnte ein Faltboot das übel nehmen.

▷ Passen die Ein- und Aussetzstellen zu meiner Tourenplanung?
Nur weil ein Fluss durch ein Dorf führt, muss das noch nicht heißen, dass man dort auch das Boot gut aus dem Wasser bekommt und Zugang zur Straße hat. Auch muss man sein Fahrzeug ggf. für die Dauer der Tour sicher abstellen können. Bootsvermieter müssen diesen Punkt auch anfahren.

▷ Wie sieht die Übernachtungslage aus?
Gibt es in für die Gruppe passenden Abständen die Möglichkeit, direkt am Gewässer zu übernachten und Frischwasser aufzunehmen? Muss hier ggf. reserviert werden?

▷ Einkaufsmöglichkeiten?
Gibt es in Gewässernähe die Möglichkeit, Lebensmittel oder Ausrüstung (z. B. Treibstoff für den Kocher) nachzukaufen?

▷ Gibt es Hindernisse oder Gefahren?
Hierzu zählen z. B. Wehre, Schleusen, Stromschnellen, Fischtreppen, Umtragestellen usw. Sie sollten sich unbedingt im Vorfeld anschauen, welche Hindernisse wann auf Sie warten, um entsprechend umsichtig reagieren zu können. Für die Tourenplanung ist vor allem wichtig, dass Hindernisse ein erheblicher Zeitfaktor sein können. Stellen Sie sicher, dass Sie die passende Ausrüstung dabeihaben (Bootswagen, Treidelleine, Kleingeld für die Schleuse …).

▷ Welche besonderen regionalen Bestimmungen gelten für das Gebiet?
Dies können die unterschiedlichsten Dinge sein: saisonale Durchfahrtsverbote für Naturschutzgebiete, wasserstandsabhängige Fahrverbote, Nachtfahrverbot, Alkoholverbot, Reservierung und Kosten für die Befahrung (z. B. bei Begrenzung der Paddleranzahl oder bei Seen in Privatbesitz), Kennzeichnungspflicht der Boote auf Bundeswasserstraßen usw.

▷ Im Fall der Fälle:
Gibt es Punkte, an denen man die Tour sinnvoll unterbrechen kann? Vielleicht schaffen Sie nicht so viele Tageskilometer wie ursprünglich geplant oder müssen wetter- oder krankheitsbedingt pausieren.

▷ Tagesetappe:
Wie lang eine durchschnittliche Tagesetappe ist, ist von vielen Faktoren abhängig. Das reicht von der persönlichen Fitness über Hindernisse, Umtragestellen, Gegenwind und Fließgeschwindigkeit bis hin zu dem Wunsch, im Urlaub auch einmal länger zu schlafen oder eine ausgiebige Badepause einzulegen. Unser Tipp: Planen Sie gerade die erste Etappe eher kurz – ca. 10 km. Bis das Boot das erste Mal gepackt ist und man loskommt, dauert es immer länger als geplant, und auch Ihre Muskeln haben so Zeit, sich an die ungewohnte Bewegung zu gewöhnen. Bei Seen und langsam fließenden Flüssen kann man von Tagesetappen zwischen 15-25 km ausgehen, je nach persönlicher Vorliebe und natürlich dem Vorhandensein von entsprechenden Übernachtungsmöglichkeiten.

Recherche, Vorbereitung und Information unterwegs

Eine gute erste Quelle für Inspiration bei der Auswahl von Touren bieten **Outdoor- und Kanuzeitschriften**.

- www.outdoor-magazin.com
- www.kajak-magazin.com
- www.kanumagazin.de

Im **Internet** findet sich natürlich eine Fülle von Informationen zu einzelnen Gebieten. Empfehlenswert sind z. B. die folgenden Seiten:

- www.kanu.de: Die Homepage des Deutschen Kanuverbands bietet Informationen rund um den Kanusport in Hülle und Fülle. Unter anderem werden hier auch viele Touren vorgestellt. Über Canua, die kostenlose App des DKV, kann man auch wunderbar in die Detailplanung gehen. Für unterwegs sollte man sich allerdings nicht ausschließlich darauf verlassen und zusätzlich auch zu Karten und Kanureiseführen greifen, falls die Technik einmal streikt oder das Smartphone weder Netz noch Strom hat.

- www.flussinfo.net: regelmäßig aktualisierte Gewässerbeschreibungen im Norden und Nordosten Deutschlands

- www.canoeguide.net: Für einen Überblick an Tourmöglichkeiten in Deutschland und angrenzenden Ländern ist die Seite gut geeignet, allerdings sind die Einträge z. T. relativ alt, sodass für die weitere Planung auf jeden Fall noch anderweitige Recherche nötig ist.

- www.pagaja.de: Wer eine Tour gleich als Komplettpaket buchen möchte, kann über dieses Portal fündig werden.

Eine gute Landkarte gehört an Bord

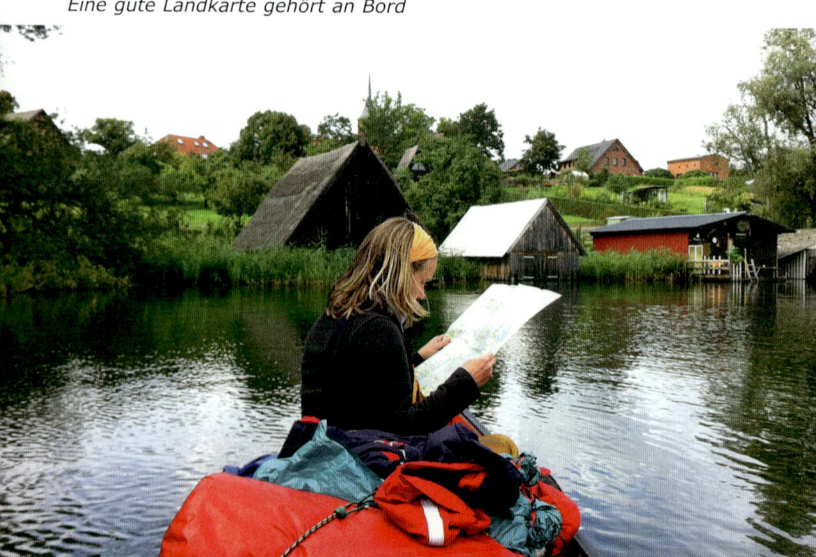

Ist entschieden, wohin es gehen soll, lohnt auf jeden Fall ein Blick in den Buchhandel. Es ist sehr zu empfehlen, sich – wo möglich – mit speziellen **Kanuwanderführern** auszustatten. Hier sind alle notwendigen Informationen für die Vorbereitung und Durchführung der Tour kompakt zusammengestellt. Achten Sie bei der Auswahl auch auf das Erscheinungsjahr. Älter als 5 Jahre sollte die Ausgabe nicht sein, egal wie schön die Fotos sind. Gute Kanuwanderführer gibt es z. B. bei den folgenden Verlagen.

- ▷ Thomas Kettler Verlag, 💻 www.thomas-kettler-verlag.de
- ▷ Deutscher Kanu-Verband (DKV), 💻 www.kanu-verlag.de: Die Gewässerführer des DKV bieten die notwendigen Basics – Fotos oder längere Texte zu Sehenswürdigkeiten o. Ä. sucht man vergebens, aber alle Infos zu Einsatzmöglichkeiten, Hindernissen und Zeltmöglichkeiten sind inkl. Kilometrierung genannt.

Wenn Sie ausschließlich auf Flüssen unterwegs sind, reicht es, wenn Sie den Gewässerführer des DKV oder einen anderen Kanuwanderführer dabeihaben, wo kilometergenau Angaben zu eventuell Hindernissen, Aussatzstellen, Übernachtungsmöglichkeiten etc. angegeben sind. Die Richtung ist durch die Strömung vorgegeben und ein Verirren relativ unwahrscheinlich.

Ganz anders kann das schon in größeren Seenlandschaften aussehen. Nicht immer sind die Übergangsstellen von See zu See oder Fluss von Anfang an zu sehen, sodass neben der Karte je nach Gebiet auch ein Kompass sinnvoll sein kann. Auch die Unterscheidung, ob es sich z. B. um Inseln oder Landzungen handelt, ist aus Paddlerperspektive nur schwer einzuordnen. Eine gute Karte ist also auf jeden Fall ein Muss. Als Maßstab sind 1:100.000 oder 1:50.000 zu empfehlen. Für viele Gebiete werden zudem spezielle **Wassersportkarten** angeboten. Diese unterscheiden sich von einer normalen topografischen Karte einerseits durch das meist wasserabweisende Material, aber viel wichtiger noch, enthalten sie für Wassersportler wichtige Informationen zu Hindernissen, Schleusen, Gefahrenstellen, Biwakplätzen, Naturschutzgebieten und häufig auch der optimalen Paddelroute.

Geografische Buchhandlungen beraten Sie gern, bieten eine große Auswahl von Reisehandbüchern an und wissen in aller Regel auch, wo Kartenmaterial zu beschaffen ist.

 Geobuchhandlung Kiel, Schülperbaum 9, 24103 Kiel, ☏ 04 31/910 02, 💻 www.geobuchhandlung.de, Landkarten und Bücher

Um zu prüfen, ob die Pegelstände des ausgewählten Reviers ausreichen, um die komplette Tour zu fahren, können Sie über die kostenlose RiverApp Wasserstände für ganz Europa abrufen.

Während der Tour sollten Sie vor allem in Gebieten mit größeren Seen **Wind** und **Wetter** stets im Auge behalten. Eine empfehlenswerte App, die auf viele lokale Wetterstationen weltweit Zugriff hat und Windstärke und -richtung anzeigt, ist der Windfinder.

Auch in der kostenlosen Version bietet er gute Dienste. Einen eigenständigen Blick auf Wind und Welle und die persönliche Einschätzung der Lage wird natürlich durch keine App ersetzt.

Packliste

Was nehme ich mit? Dies ist natürlich eine Kernfrage bei der Vorbereitung. Dabei gilt es, auf möglichst viele Eventualitäten gefasst zu sein, ohne sich mit überflüssigem Ballast zu belasten. Die gute Nachricht: Im Vergleich zu Wandertouren zu Fuß, kann man sich im Kanu schon deutlich mehr Luxus leisten, selbst eine gute Flasche Wein oder z. B. ein Kopfkissen finden immer noch ein Plätzchen. Was benötigt wird oder nicht, ist natürlich immer eine individuelle Entscheidung – letztlich limitierend ist: Was passt ins Boot und was möchte man bei Umtragestellen täglich tragen?

Boote

- ☐ Boot mit Paddel (ggf. Reservepaddel)
- ☐ Spritzdecken (ggf. Persenning) und Lukendeckel
- ☐ Schwimmwesten
- ☐ Bootswagen (evtl. mit Luftpumpe u. Flickzeug)
- ☐ Schwamm
- ☐ Reparatur-Set (bestehend aus Gewebeklebeband und Multitool)
- ☐ Bootsleinen, Treidelleine, Wurfsack
- ☐ Dachgepäckträger für das Auto, Autoleinen, rote Fahne

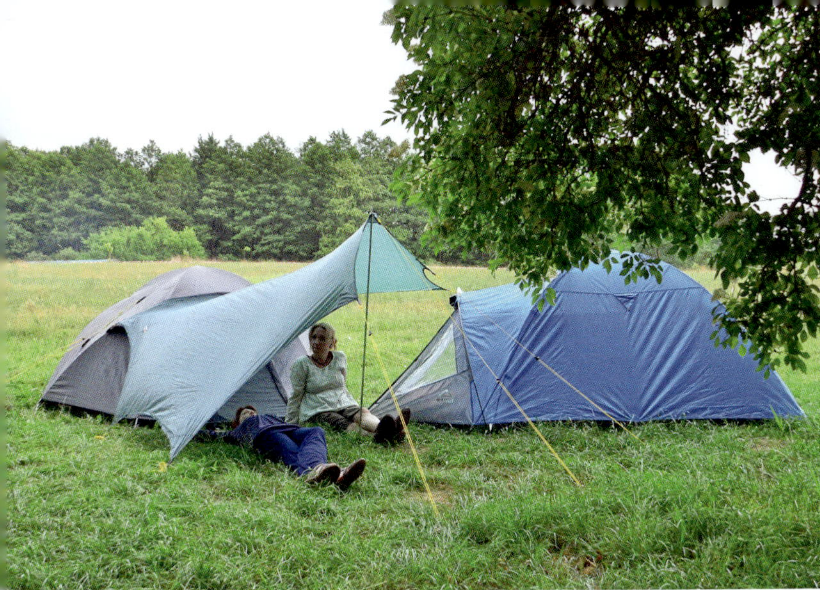

Zelt mit Tarp

Zelt und Campingausrüstung

- ☐ Trockensäcke in verschiedenen Größen und/oder Transporttonnen
- ☐ wasserdichte Kartentasche
- ☐ Zelt
- ☐ Tarp
- ☐ kleine Faltstühle oder leichte Unterlage zum Sitzen
- ☐ Schlafsack und Isomatte
- ☐ Kocher und Brennstoff
- ☐ Kochgeschirr, Teller, Becher, Schneidebrettchen, Besteck, Messer
- ☐ Tupperschüssel für Essensreste
- ☐ Faltschüssel zum Abwaschen, Schwamm, Seife, Geschirrtuch
- ☐ Kopflampen
- ☐ Wassersäcke/-kanister oder stabile PET-Flaschen (mit Wasser)
- ☐ Wasserfilter (je nach Gebiet)
- ☐ Gurtbänder
- ☐ leichte, stabile Tüten (z. B. IKEA-Tüten)

Kleidung

- ☐ 1 x Komplettset Kleidung, am besten separat verpackt und jederzeit zugänglich für den Fall einer Kenterung
- ☐ Regenkleidung (Jacke und Hose)
- ☐ Bootsschuhe (leichte wasserfeste Schuhe oder Sandalen)
- ☐ feste Schuhe für den Landgang
- ☐ Unterwäsche und Socken
- ☐ je nach Klima kurze/lange Hose zum Wechseln
- ☐ T-Shirts/Langarmshirts (als Sonnenschutz)
- ☐ warmer Pullover/Fleecejacke
- ☐ Mütze/Sonnenhut
- ☐ Badebekleidung
- ☐ Sonnenbrille mit Brillenband

Hygiene und Medikamente

- ☐ Toilettenpapier
- ☐ Taschentücher
- ☐ Handtuch
- ☐ Zahnbürste und Zahnpasta
- ☐ Seife und Shampoo (der Natur zuliebe ohne Zusätze, auch für Kleidung)
- ☐ Kamm/Bürste
- ☐ Hautcreme für die Hände
- ☐ Sonnenschutzcreme mit hohem Lichtschutzfaktor
- ☐ Anti-Mückenmittel
- ☐ persönliche Medikamente, Allergiemittel
- ☐ für Erste Hilfe: Autoverbandkasten, ergänzt durch 3 elastische Binden, Pflaster, Zeckenzange und Desinfektionsspray
- ☐ Schmerzmittel
- ☐ Durchfallmittel

Kleinkram, Sonstiges

- ☐ Mülltüten
- ☐ Wäscheklammern
- ☐ Gewebeklebeband

- ☐ Handy und Powerbank
- ☐ Teelichter und Streichhölzer, Feuerzeug (nicht im Zelt benutzen!!)
- ☐ Signalpfeife
- ☐ Kompass, evtl. GPS
- ☐ Ersatzbatterien für Taschenlampe
- ☐ Klappspaten (= die mobile Toilette)

Papierkram

- ☐ Reiseführer und/oder Kanuführer (OutdoorHandbuch)
- ☐ Landkarten/Wassersportkarten
- ☐ ggf. Fahrkarten (Fähre, Bus, Bahn)
- ☐ ggf. Kontaktinfos Bootsverleiher
- ☐ Pass/Personalausweis/Führerschein
- ☐ Fahrzeugpapiere und Grüne Versicherungskarte (wenn nötig)
- ☐ Geld, Bankkarte, Kreditkarte
- ☐ Krankenversicherungskarte
- ☐ ggf. Mitgliedsausweis DKV (für Übernachtung auf Vereinsgelände), ADAC …
- ☐ Stift mit Notizbuch

Essen

- ☐ Lebensmittel nach Essensplan (möglichst ungekühlte Nahrungsmittel einplanen und unnötigen Müll vermeiden, keine Konservendosen)
- ☐ Ausreichend Trinkwasser (pro Boot mind. 5 Liter; mehr, falls die Wasserversorgung der kommenden Tage nicht geklärt ist)
- ☐ Gewürze/Öl in bruchsicherem Behälter
- ☐ Snacks für den Tag, die leicht erreichbar verpackt sind

📖 **Ausrüstung I** – von Kopf bis Fuß von Markus Gründel und Johann Schinabeck, OutdoorHandbuch Band 100, Basiswissen für draußen, Conrad Stein Verlag, ISBN 978-3-86686-417-7, € 10,90

📖 **Ausrüstung II** – für Camp, Küche und mehr von Markus Gründel und Johann Schinabeck, OutdoorHandbuch Band 101, Basiswissen für draußen, Conrad Stein Verlag, ISBN 978-3-86686-101-5, € 10,90

Einige Tipps zur Liste

- Auf Wanderfahrt verstauen Sie Ihre Wertsachen am besten separat in einem kleinen, wasserdichten Sack, der gut und sicher angebunden wird. Wenn Sie das Boot verlassen, haben Sie so auch gleich alle wichtigen Dinge mit einem Griff beisammen. Lassen Sie Ihre Wertsachen nie im Kanu oder im unbeaufsichtigten Auto zurück. Aus eigener Erfahrung: Auch in Schweden können Autos aufgebrochen werden ...
- In einigen Ländern ist es Pflicht, Schwimmwesten mitzuführen. Dies sollte aber sowieso eine Selbstverständlichkeit sein – bei Kälte zudem ein angenehmer, zusätzlicher Wetterschutz.
- Mithilfe von mehreren verschieden großen Trockensäcken und Transporttonnen kann man seine Ausrüstung wunderbar übersichtlich organisieren. Gerade im Kajak sind mehrere kleine Säcke zu bevorzugen. Kleidersäcke haben den Vorteil, dass sie immer nur so viel Platz wegnehmen, wie Inhalt darin ist. Dafür halten aber wasserdichte Tonnen, die es im Fachhandel in den verschiedensten Größen zu kaufen gibt, mehr aus und können als Stuhl benutzt werden – im Kajak finden sie allerdings leider keinen Platz. Für den schnellen Transport der gefühlt 1.000 Kleinigkeiten vom Boot zum Koch-/Zeltplatz bietet sich die Mitnahme von IKEA-Tüten an.
- Wasserkanister und -säcke gibt es in allen nur erdenklichen Formen und Materialien. Wir persönlich kaufen einfach vor der Fahrt Wasser in möglichst stabilen PET-Flaschen (die wir während der Tour immer wieder auffüllen). Diese kann man gut über das Boot verteilen, sodass der Trimm im Gleichgewicht bleibt. Auch hat man weniger Probleme mit der Hygiene und gibt sie nach der Tour einfach wieder zum Recycling ab.
- Denken Sie daran, eine wasserdichte Verpackung für Handy oder Kamera mitzunehmen, die leicht zu öffnen und unterwegs praktisch zur Hand ist.
- Ihre Brille sollten Sie in jedem Fall mit einem Band um den Hals sichern.
- Auf dem Wasser gibt es nur selten Schatten. Sonnencreme mit hohem Lichtschutzfaktor und ein Hut mit breiter Krempe gehören unbedingt ins Gepäck. Da die Wasseroberfläche die Sonnenstrahlung reflektiert, ist eine Sonnenbrille sinnvoll.
- Bei der Wahl des Zeltes ist zu berücksichtigen, dass es in Wassernähe oft wunderschöne Plätze auf felsigem Grund (besonders in Skandinavien) oder auf Sand- und Kiesstränden gibt. Kuppelzelte und Geodäten haben

hier einen entscheidenden Vorteil gegenüber Tunnelzelten: Sie stehen konstruktionsbedingt auch ohne Heringe stabil.

- Bei schlechtem Wetter ist ein Tarp von großem Wert, um sich einen trockenen Platz zum Kochen zu schaffen. Auch eine günstige, wasserdichte Abdeckplane (mit Ösen) aus dem Baumarkt leistet gute Dienste. Wenn Sie nichts anderes dabeihaben, können Sie auch Ihre Zeltunterlage nutzen. Keinesfalls darf wegen der erhöhten Brandgefahr im Zelt gekocht werden!
- Den Schlafsack sollten Sie nach Ihren persönlichen Vorlieben auswählen. Er sollte lieber etwas zu warm halten, um Spielraum für kalte Nächte zu lassen. Daunenschlafsäcke sind leichter und kleiner zu verpacken als die aus Kunstfasern. Dafür trocknen sie schlechter. Da es heutzutage Trockensäcke und andere absolut wasserdichte Behälter gibt, sind Daunenschlafsäcke genauso für Paddeltouren geeignet wie alle anderen Schlafsäcke.
- Die Wahl der **Bekleidung** hängt natürlich stark vom Zielgebiet ab: Müssen Sie mit Kälteeinbrüchen rechnen? Regnet es in der Gegend viel? Usw.
  Ihre Kleidung sollten Sie also je nach dem zu erwartenden Wetter und der Jahreszeit zusammenstellen. Beachten Sie, dass Sie auf dem Wasser relativ ungeschützt sind. Vorteilhaft ist warme, winddichte Kleidung, die schnell wieder trocknet. Naturfasern hin oder her – beim Wassersport sind Kunstfasern oft die bessere Wahl (Fleecejacken und Funktionsunterwäsche sowie Regenjacken aus Sympatex, Goretex o. Ä.), denn sie trocknen wesentlich schneller. Selbst bei Tagestouren sollten Sie immer einen kompletten Satz Ersatzkleidung mitnehmen.
- Eine **Faltschüssel** ist ein äußerst angenehmer Luxus: Sie kann neben dem Abwasch auch das Löschwasser zum Lagerfeuer enthalten und zum Wäschewaschen genutzt werden. Bei größeren Gruppen kann man sie auch wunderbar verwenden, um z. B. Nudeln und Soße zu vermengen.

Faltschüssel

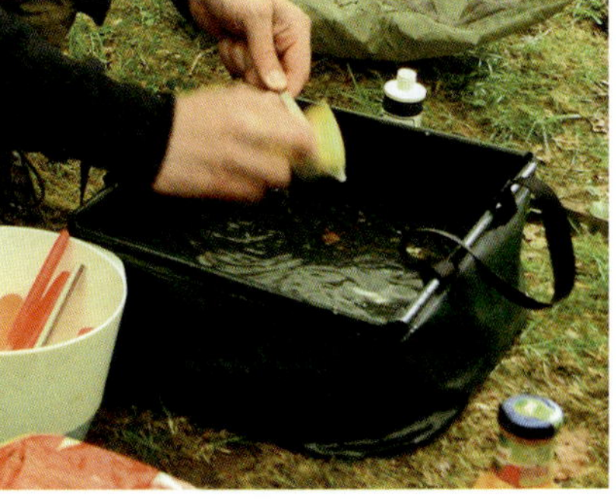

Unterwegs

Leben in der Natur

Bei einer Kanuwanderung bewegen Sie sich in einem empfindlichen Naturraum. Dies gilt natürlich umso mehr für echte Wildnis- oder ausgewiesene Naturschutzgebiete. Das verantwortungsvolle Verhalten jedes Paddlers sorgt dafür, dass alle weiterhin diese wunderschöne Natursportart genießen können, ohne dass die Natur zu Schaden kommt oder Anwohner sich gestört fühlen. Dabei resultieren die meisten Probleme aus Unerfahrenheit oder Unwissenheit und nicht aus bösem Vorsatz. Deshalb führen wir hier noch einmal die wichtigsten Verhaltensmaßnahmen auf, um einer Schädigung vorzubeugen. Dabei gilt immer der alte Spruch: Lasse nichts zurück als deine Fußspuren und nimm nichts mit außer deinen Erinnerungen.

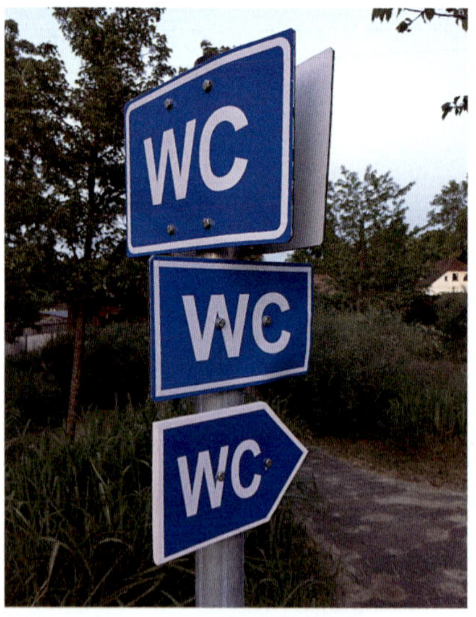

WC

Das leider häufig augenscheinlichste Problem betrifft die menschlichen Ausscheidungen. Wenn keine **Toiletten** vorhanden sind, müssen Sie Ihre Exkremente und das Toilettenpapier (!) vergraben. Dazu nehmen Sie Ihren Klappspaten und graben ein ca. 20 cm tiefes Loch, da in dieser Erdschicht die Hinterlassenschaften am schnellsten zersetzt werden. So bleibt Ihnen und den Leuten, die nach Ihnen kommen, ein unangenehmer Anblick und Geruch erspart, es wird verhindert, dass sich Krankheitskeime entwickeln und verbreiten, und man tut dem Boden etwas Gutes. Unvergrabene Fäkalien werden vom Regen direkt in die Flüsse gespült und belasten sie mit E.-coli-Bakterien.

Benutzen Sie bitte keine Taschentücher, diese werden erheblich langsamer abgebaut. An dieser Stelle eine Bitte an die Damen: Bei der Pinkelpause unterwegs nehmen Sie bitte Ihre „Fähnchen" einfach in einem Müllbeutel wieder mit und entsorgen diesen im nächsten Mülleimer. Gerade bei viel befahrenen Flüssen sehen Sie sofort, was wir meinen.

📖 **How to shit in the woods: Wie man im Wald sch...** von Ulrike Katrin Peters, Karsten-Thilo Raab, OutdoorHandbuch Band 103, Basiswissen für draußen, Conrad Stein Verlag, ISBN 978-3-86686-672-0, € 8,90

Überhaupt der Müll: Da Sie es geschafft haben, all die Sachen, die Sie benötigen, im Boot mitzunehmen, sollten Sie auch Ihren gesamten **Müll** ohne Ausnahme problemlos wieder einpacken können, um ihn später in einem Mülleimer zu entsorgen. Wenn am Morgen das Zelt abgebaut und das Boot gepackt ist, sollte man immer noch eine Runde um den leeren Lagerplatz drehen, auf der Suche nach vergessener Ausrüstung und liegen gelassenem Müll. Falls Ihnen dabei versehentlich zurückgelassener Müll Ihres Vorgängers auffällt, seien Sie so lieb und nehmen Sie ihn mit – das sorgt für gutes Karma.

Ein **Lagerfeuer** sollte nur in ausgewiesenen Feuerstellen aufgebaut werden. Bitte beachten Sie unbedingt immer die regionalen Vorgaben zu Waldbrandgefahr u. Ä. Ist das Feuer im Gange, sollten Sie es immer beaufsichtigen – ein Eimer oder eine Faltschüssel mit Wasser zum Löschen dabei stets griffbereit. Machen Sie das Feuer immer nur so klein wie möglich und so groß wie nötig. Ein kleines Feuer ist viel einfacher beherrschbar und man kann außerdem gemütlicher dicht davor sitzen. Wenn Sie schlafen gehen oder weiterreisen, wird das Feuer vollständig gelöscht. Aufkommender Wind kann auch Glutnester schnell wieder entfachen und Funken z. B. auch gegen Ihr Zelt treiben. Machen Sie nur aus totem, am Boden liegendem Holz Feuer. Es ist trockener als frisches Holz und Sie schonen die Natur um sich herum. Frisch gebrochenes Holz brennt nicht und verursacht unangenehmen Qualm. Die Feuerstelle sollte von Steinen begrenzt sein. Nehmen Sie dazu keine Steine aus dem Wasser. Oft platzen sie aufgrund von Wassereinschlüssen und schießen als gefährliche Splitter durch die Gegend.

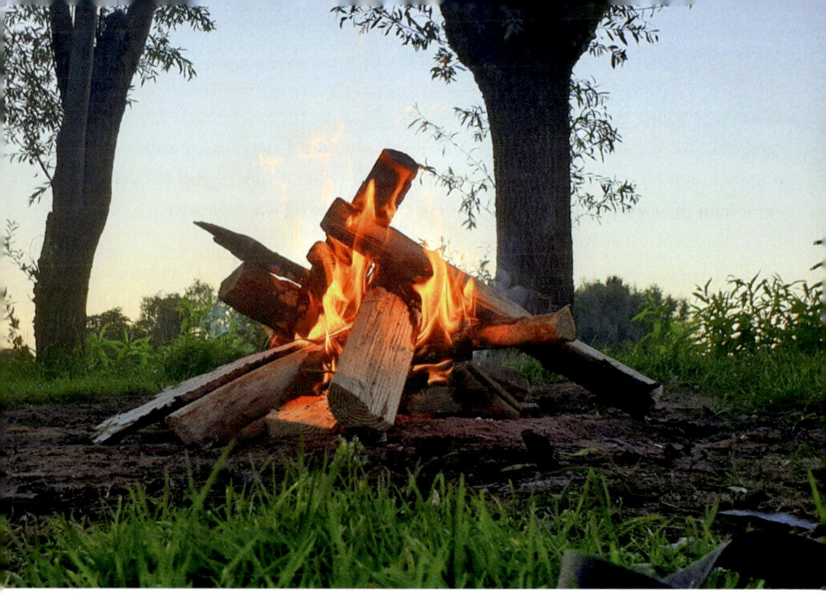

Lagerfeuer

Wo kein Waschbecken zur Verfügung steht: Zum **Waschen** von Körper, Haaren, Geschirr und Wäsche nehmen Sie pH-neutrale Neutral-, Kern- oder Outdoorseife mit, für Körperhygiene z. B. von SebaMed. Achten Sie darauf, dass Sie die Seife niemals direkt im See oder Fluss benutzen, sondern mind. 30 m vom Ufer entfernt. D. h., Sie springen kurz ins Wasser, seifen sich dann am Ufer ein und waschen die Seife in einem Abstand von 30 m zum Ufer mit Hilfe einer Faltschüssel oder eines Kochtopfes wieder ab. Und springen dann zurück in den See. Die „biologische Abbaubarkeit" der Seifenprodukte wird von Mikroorganismen im Erdreich übernommen. Im Wasser ist die Einbringung schädlich.

Während der Fahrt und auch beim Lagern sollten Sie **Tiere und Pflanzen** nach Möglichkeit nicht stören oder beschädigen. Das ist einerseits zum Wohl der Natur, aber auch zu Ihrem eigenen Schutz zu beachten. Ein Schwan z. B., der sich gestört fühlt, ist überraschend wehrhaft und angriffslustig. Das Pflücken von Pflanzen jeglicher Art ist tabu. Besonders zu Schilfgürteln, Wasserpflanzen (wenn möglich) und dichtem Uferbewuchs gilt es, stets Abstand zu halten, keinesfalls in diese einzufahren oder sie vom Land her zu betreten.

Diese Gebiete sind Lebensräume und Brutstätten für Vögel, Laichplätze für Fische und bieten Schutz für allerlei andere Tiere. Für das Beobachten und Fotografieren von Tieren nehmen Sie am besten ein kleines Fernglas oder ein Teleobjektiv (gibt es auch für Handykameras) mit, so fühlt sich keiner gestört.

Alles, was über die **Lautstärke** einer mitgebrachten Gitarre hinausgeht, stört Tiere und Menschen um Sie herum. Gerade an Seen trägt Schall deutlich weiter. Bitte hören Sie Musik nur per Kopfhörer und nehmen Sie Rücksicht auf Ihre Umwelt. Schnell werden Biwakplätze wieder geschlossen, wenn sich Anwohner über Lärm (und Müll) beschweren. Genießen Sie stattdessen die Naturgeräusche und kommen Sie – im wahrsten Sinne des Wortes – einmal zur Ruhe.

Zum Anlanden sucht man sich am besten einen extra dafür vorgesehenen Platz oder eine Stelle, an der die Ufervegetation möglichst wenig beeinträchtigt wird. Dies sind meistens auch die Stellen, an denen man am leichtesten herauskommt. Gut eignen sich z. B. kleine Strandabschnitte oder flache Wiesen. In Naturschutzgebieten gelten besondere Bestimmungen, die ein Anlanden eventuell sogar generell verbieten. Informieren Sie sich rechtzeitig bei den zuständigen Behörden, im Internet oder im Kanureiseführer oder fragen Sie vor Ort auf einem Campingplatz oder bei einer Kanuvermietung nach. Die Bestimmungen können von Gebiet zu Gebiet unterschiedlich sein. Zum Teil gibt es auch saisonale Fahrverbote.

Die deutschen Wassersportverbände haben die Verhaltensrichtlinien zusammengefasst, die sich jeder beim Befahren unserer Gewässer zu eigen machen sollte. Nachzulesen sind sie z. B. in Informationsbroschüren des Deutschen Kanu-Verbandes (DKV), unter 💻 www.kanu.de oder in Gewässerführern.

Beladen des Boots

Das Ziel ist gewählt, das Auto gepackt, der Zug bestiegen – endlich geht's los! Sind Sie am Gewässer der Wahl angekommen, gilt es, zum ersten Mal den kompletten Gepäckberg im Boot zu verstauen. Planen Sie dafür Zeit ein – auch nach Jahrzehnten des Paddelns benötigen wir für das erste Mal Packen auf der Tour immer noch ca. dreimal so lange wie an den Folgetagen.

Grundsätzlich sollten sämtliche Gepäckstücke **wasserdicht** verpackt sein. Auch die vermeintlich wasserdichten Gepäckluken der Seekajaks können schon mal Wasser fassen, sei es über die Steueranlage oder auch Schwitzwasser.

Vor allem für **Kleidung** und **Schlafsack** bieten sich Trockensäcke mit Rollverschluss an. Zum Verschließen der Trockensäcke wird möglichst viel Luft herausgedrückt. Die Öffnung wird über die Plastikkante stramm zugerollt und mit einem Schnappverschluss gesichert. Richtig wasserdicht sind sie erst ab mind. drei Drehungen. Notfalls gehen natürlich auch stabile Müllsäcke.

Im Kajak teilen Sie Ihr Gepäck möglichst auf mehrere kleine Säcke auf. So ist das Beladen einfacher und effektiver möglich, da Sie den vorgegebenen Platz in den Luken besser ausfüllen. Ist Ihr Kleidersack zu groß, um vollgepackt durch die Gepäckluke zu passen, müssen Sie einfach den leeren Sack in den Gepäckraum legen und direkt im Kajak befüllen.

Im Kanadier bieten sich Weithalstonnen für den Transport von **Lebensmitteln** an, die so nicht so leicht zerdrückt werden. Im Kajak kann man seine Lebensmittel einfach lose in der vorderen Gepäckluke lagern. Wenn Sie leicht verderbliche Lebensmittel dabei ganz nach unten legen, werden sie durch das Wasser von außen gekühlt.

Beim Beladen ist auf den **Trimm** zu achten. Vorher lag das Boot waagerecht im Wasser und das sollte es hinterher auch tun und weder nach links noch nach rechts krängen. Je schwerer die einzelnen Gepäckstücke, desto mittiger (sowohl Längs- als auch Querachse) sollten sie im Kanu verstaut werden – dies gilt z. B. für große Wasserkanister oder voll gefüllte Lebensmitteltonnen. Im offenen Kanadier sichern Sie Ihr Gepäck mit einer Leine am Boot. Im Falle einer Kenterung geht so nichts verloren. Wenn Ihr Kanu leer unsinkbar ist, wird es auch bepackt nicht sinken, da die einzelnen wasserdichten Säcke für zusätzlichen Auftrieb sorgen.

Ein Kanadier sollte nicht unnötig höher als bis zum Süllrand beladen werden, um die Kippstabilität zu gewährleisten und keinen zusätzlichen Windwiderstand zu bieten. Besonders in 2er-Kajaks kann es schwierig sein, die komplette Ausrüstung in den Gepäckluken unterzubringen. Müssen Sie Ausrüstung an Deck befestigen, wählen Sie leichte Gegenstände, wie z. B. Isomatten.

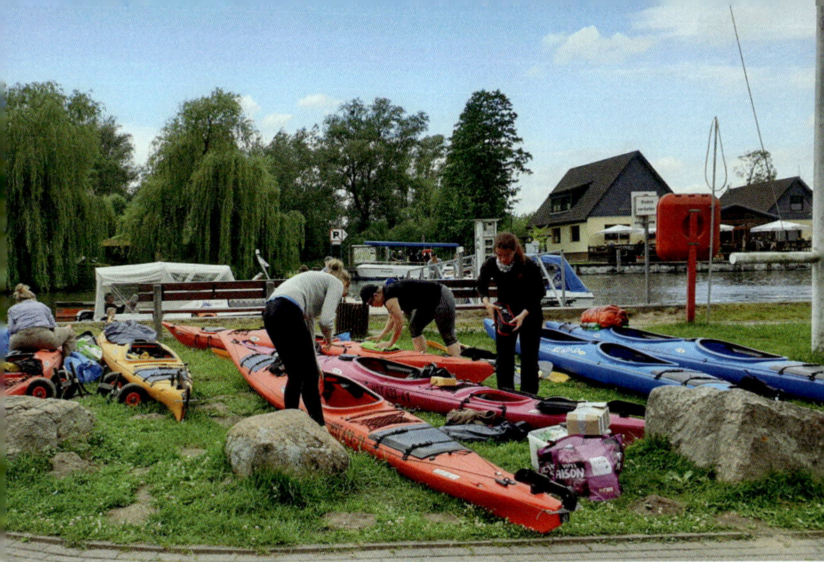

Boot packen

Verpacken Sie alles, was Sie über den Tag leicht erreichen müssen, also z. B. Verpflegung, Handy, Karte, Wertsachen, Klopapier, Müllbeutel, Regenkleidung und Sonnencreme, so, dass Sie jederzeit herankommen. Fahren Sie in einer Gruppe, sollte jeder wissen, wer wo das Notfallequipment verstaut hat – also Erste-Hilfe-Set, Wurfsack und Latrinenschaufel.

Die Tagesetappe

Spätestens nach dem Beladen des Bootes – besser noch beim gemütlichen Morgenkaffee – planen Sie die vor Ihnen liegende Etappe. Abhängig von Wetter, Fitness und Laune aller Mitfahrer schauen Sie, wo es heute hingeht. Die folgenden Fragen sollten bei der Tagesplanung bedacht werden.

- Wie lange wollen Sie heute paddeln?
- Ist in passender Entfernung eine Übernachtungsmöglichkeit?
- Wo gibt es Pausenmöglichkeiten?
- Wie ist das Wetter?
- Bei unklarer Wetterlage: Wo gibt es für den Fall der Fälle gute Aussatzstellen?

- ▷ Gibt es unterwegs Einkaufs- und Einkehrmöglichkeiten, die Sie nutzen wollen?
- ▷ Wie sieht es mit Hindernissen aus? Müssen z. B. Schleusenzeiten beachtet werden?
- ▷ Bieten sich am Ufer spannende Sightseeing-Ziele?
- ▷ Brauchen Sie unterwegs noch Zeit zum Baden, Frisbeespielen, einen Hundespaziergang o. Ä.?

Wetter, Tageslicht, Wassertemperaturen

Der Blick auf einen aktuellen Wetterbericht sollte zur morgendlichen Routine werden. Neben den passenden Apps auf dem Handy (☞ Bevor es losgeht, Recherche, Vorbereitung und Information unterwegs) hängen auf den meisten Campingplätzen und auf jeder Marina tagesaktuelle Wettervorhersagen aus. Beides ersetzt selbstverständlich nicht den Blick gen Himmel. Um Wetterlagen besser einschätzen zu lernen, empfehlen wir den folgenden Titel.

„Da vorne wird's heller!", meteorologische Beobachtung

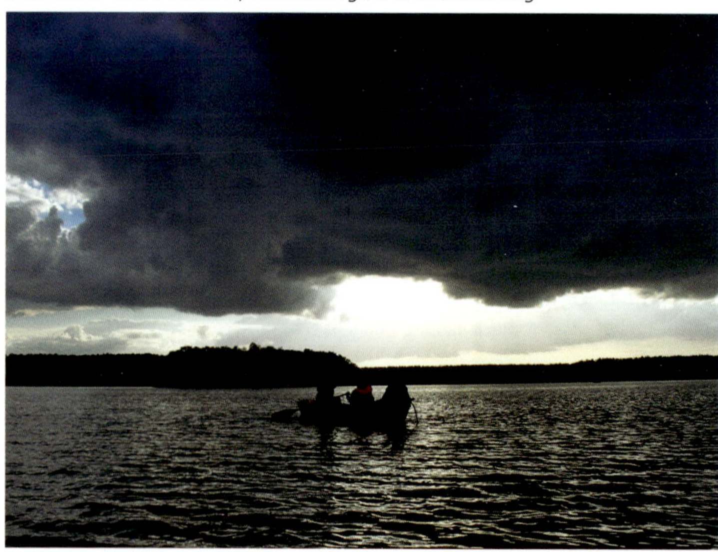

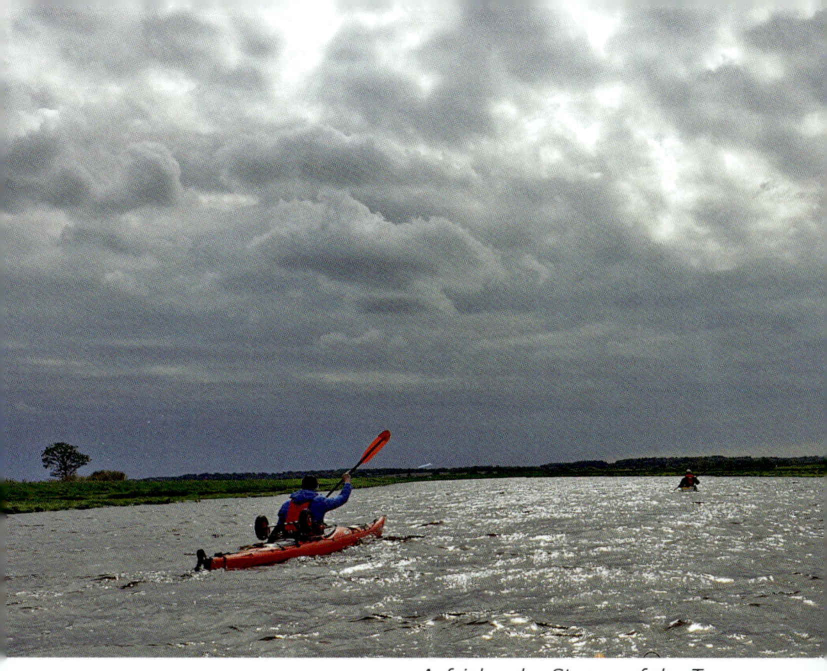

Aufziehender Sturm auf der Treene

📖 **Wetter** von Michael Hodgson und Dr. Meeno Schrader, OutdoorHandbuch Band 13, Basiswissen für draußen, ISBN 978-3-86686-013-1, € 8,90

Für den Tourspaß ist natürlich interessant, ob eher Sonnenhut oder Regenjacke benötigt werden. Viel wichtiger allerdings: Der Sicherheitsaspekt. Wind und Gewitter können auf dem Wasser lebensgefährlich sein! Gerade auf offenen Gewässern wie Seen oder Meer ist man dem **Wind** oft schutzlos ausgeliefert und es können beachtliche **Wellen** entstehen.

Wir halten uns dabei an folgende Faustregel: Im Seekajak bleiben wir ab 5 Windstärken an Land und legen einen Pausentag ein, im Kanadier bereits ab 4 Windstärken. Bei kleineren Flüssen, die in guter Abdeckung durch Wald oder Böschung liegen, kann man, wenn man sich sicher fühlt, auch bei etwas stärkerem Wind losfahren.

Vorsicht, wenn am Vortag Sturm war: In tieferen Gewässern kann sich trotz abflauendem Wind noch eine ordentliche Welle halten.

Beaufort	Km/h	Bezeichnung	An Land	Auf dem Wasser
0	> 1 km/h	Stille	Rauch steigt senkrecht auf	spiegelglatte See
1	1-5 km/h	leiser Zug	Windrichtung angezeigt durch den Zug des Rauches	kleine, schuppenförmig aussehende Kräuselwellen ohne Schaumkämme
2	6-11 km/h	leichte Brise	Wind im Gesicht spürbar, Blätter und Windfahnen bewegen sich	Kleine Wellen, noch kurz, aber ausgeprägter. Die Kämme sehen glasig aus und brechen nicht.
3	12-19 km/h	schwache Brise, schwacher Wind	Wind bewegt dünne Zweige und streckt Wimpel	Die Kämme beginnen zu brechen. Der Schaum ist glasig. Vereinzelt können kleine weiße Schaumköpfe auftreten.
4	20-28 km/h	mäßige Brise, mäßiger Wind	Wind bewegt Zweige und dünnere Äste, hebt Staub und loses Papier	Die Wellen sind zwar noch klein, werden aber länger. Weiße Schaumköpfe treten schon ziemlich verbreitet auf.
5	29-38 km/h	frische Brise, frischer Wind	kleine Laubbäume beginnen zu schwanken, Schaumkronen bilden sich auf Seen	Mäßige Wellen, die eine ausgeprägte lange Form annehmen. Weiße Schaumkämme bilden sich in großer Zahl. Vereinzelt kann schon etwas Gischt vorkommen.
6	39-49 km/h	starker Wind	starke Äste schwanken, Regenschirme sind nur schwer zu halten, Telegrafenleitungen pfeifen im Wind	Die Bildung großer Wellen beginnt. Überall treten ausgedehnte weiße Schaumkämme auf, häufig mit Gischt.

Beaufort	Km/h	Bezeichnung	An Land	Auf dem Wasser
7	50-61 km/h	steifer Wind	fühlbare Hemmungen beim Gehen gegen den Wind, ganze Bäume bewegen sich	Die See türmt sich. Der beim Brechen der Wellen entstehende weiße Schaum beginnt sich in Streifen in Windrichtung zu legen.
8	62-74 km/h	stürmischer Wind	Zweige brechen von Bäumen, erschwert erheblich das Gehen im Freien	Mäßig hohe Wellenberge von beträchtlicher Länge. Die Kanten der Kämme beginnen, zu Gischt zu verwehen. Gut ausgeprägte Schaumstreifen
9	75-88 km/h	Sturm	Äste brechen von Bäumen, kleinere Schäden an Häusern (Dachziegel oder Rauchhauben abgehoben)	Hohe Wellenberge, dichte Schaumstreifen. Das bekannte „Rollen" der See beginnt. Die Gischt kann die Sicht beeinträchtigen.
10	89-102 km/h	schwerer Sturm	Wind bricht Bäume, größere Schäden an Häusern	Sehr hohe Wellenberge mit langen überbrechenden Kämmen. Die entstehenden Schaumflächen werden in so dichten weißen Streifen in Richtung des Windes geweht, dass die Meeresoberfläche im Ganzen weiß aussieht. Das Rollen der See wird schwer und stoßartig. Die Sicht ist beeinträchtigt.

☞ weiter auf der nächsten Seite

Beaufort	Km/h	Bezeichnung	An Land	Auf dem Wasser
11	103-117 km/h	orkanartiger Sturm	Wind entwurzelt Bäume, verbreitet Sturmschäden	Außergewöhnlich hohe Wellenberge. Kleine und mittelgroße Schiffe zeitweise hinter Wellenbergen verdeckt. Die See ist völlig von langen weißen Schaumflächen bedeckt. Überall werden die Kanten der Wellenkämme zu Gischt verweht. Die Sicht ist stark herabgesetzt.
12	> 117 km/h	Orkan	schwere Verwüstungen	Die Luft ist mit Schaum und Gischt angefüllt. Die See ist vollständig weiß von treibender Gischt. Die Sicht ist sehr stark herabgesetzt.

Bei Gewitter hat man auf dem Wasser generell nichts zu suchen! Auch wenn Sie unterwegs von einem Gewitter überrascht werden, bedeutet das die augenblickliche Unterbrechung der Etappe. Nutzen Sie die erste Gelegenheit, um mit dem Boot auszusetzen. Wenn Sie die gewittertypische, ambossförmige Wolke am Himmel sehen und den Wind im Rücken haben, bedenken Sie – ein Gewitter kann auch gegen den Wind aufziehen. Suchen Sie also auch dann das Ufer auf und sitzen Sie das Gewitter aus.

Die **Windrichtung** hat direkten Einfluss auf Ihre Fahrtlinie. Bei größeren Seen lohnt es sich, die Windrichtung bei der Wahl der Uferseite, die man entlangpaddelt, in Betracht zu ziehen, damit man möglichst in der Windabdeckung fahren kann und den Wellen weniger ausgesetzt ist. Manchmal kann ein kleiner Umweg kräfteschonender und ein deutlicher Zeitgewinn sein. Bei Tagestouren lohnt es sich, für die Hinfahrt in den Gegenwind zu fahren, damit man sich auf der Rückfahrt, wenn die Kräfte langsam nachlassen, gemütlich mit Unterstützung des Rückenwindes zurücktreiben lassen kann.

Bedenken Sie bei der Planung der Etappe das **Tageslicht**. Sie sollten spätestens 2 Stunden vor Einbruch der Dunkelheit Ihren geplanten Übernachtungsplatz erreichen. So haben Sie noch einen Sicherheitspuffer, falls eine Übernachtung dort doch nicht möglich sein sollte. Gerade auf Biwakplätzen ohne Beleuchtung ist es kein Spaß, erst im Dunkeln sein Zelt aufzubauen oder abzuwaschen. Fahrten im Dunkeln sind auf vielen Gewässern nicht erlaubt und auch nicht sicher. Falls Sie doch einmal von der Nacht überrascht werden, müssen Sie Ihr Boot mit einer weißen Rundumleuchte kennzeichnen.

Was die **Lufttemperatur** angeht, so hat jeder sicherlich seine persönliche Schmerzgrenze. Entscheidend für die Durchführung einer Paddeltour aber ist die **Wassertemperatur**.

Aus Sicherheitsgründen sollten vor allem ungeübte Paddler erst ab Wassertemperaturen über 10 Grad in See stechen. Im Falle einer Kenterung kann kaltes Wasser zu lebensgefährlicher Auskühlung führen. Dabei gilt die Faustformel: Die Gradzahl der Wassertemperatur in Minuten ist die Zeit, die man hat, um sich unbeschadet in Sicherheit zu bringen. Wollen Sie dennoch auch kältere Regionen befahren, sollten Sie beim Paddeln einen Neopren- oder besser noch einen Trockenanzug tragen.

Orientierung

Wir empfehlen, auf jeden Fall für die ersten Touren, Gebiete auszuwählen, für die es gute **Routenbeschreibungen** gibt. Die Auswahl bleibt trotzdem groß: In Deutschland z. B. sind alle Paddelflüsse und -seen über die Gewässerführer des DKV abgedeckt. Für Flüsse sind sie mit einer guten Flussbeschreibung mit Kilometrierung gut ausgerüstet (regionale Kanuwanderführer oder DKV). Bestimmen Sie während der Fahrt regelmäßig Ihre Position anhand von Landmarken wie z. B. Brücken, Dörfern oder Stromleitungen, die in der Beschreibung genannt werden. So können Sie Ihre Geschwindigkeit gut einschätzen und werden vor allem von Hindernissen nicht überrascht.

Flüsse, besonders diejenigen, die schnell fließen, verändern ihren Lauf stetig. Je nach Wasserstand können sich Flüsse auch im Jahresverlauf stark verändern und Wehre, die z. B. im Frühjahr noch problemlos befahrbar sind, können im Sommer bei Niedrigwasser eine Umtragung erfordern.

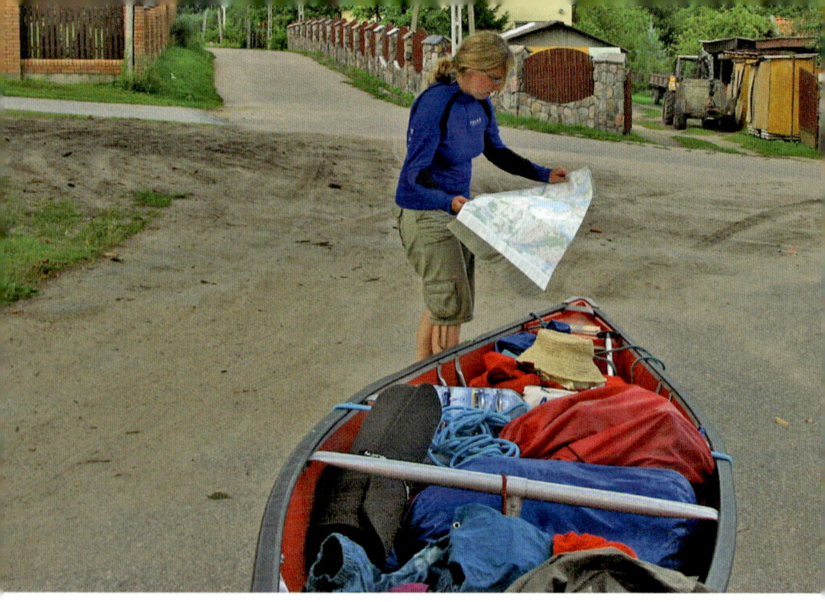

Nicht nur fürs Wasser, auch bei Umtragestellen gefragt: die Wasserwanderkarte

Sind Sie in einem Seengebiet unterwegs, ist eine jederzeit zugängliche **Karte** unerlässlich. Wir bevorzugen Karten in Papierform, da Karten in elektronischer Form von Strom und Internetempfang abhängig sind, was beides nicht immer gewährleistet werden kann. Als zusätzliche Unterstützung, z. B. auch über die Canua-App des DKV oder Geotracker, sind sie aber eine gute Ergänzung. Besonders hilfreich sind die Angaben zu Durchschnittsgeschwindigkeit und zurückgelegten Kilometern in Apps oder GPS-Geräten. Aufgrund von Fließgeschwindigkeit und Wind ist häufig die Wahrnehmung des Paddeltempos irreführend.

Für beliebte und gut besuchte Wassersportreviere wie z. B. die Mecklenburger Seenplatte gibt es spezielle **Wassersportkarten**, in denen die für Paddler interessante Infrastruktur – Übernachtungsmöglichkeiten, Rastplätze, Einkaufsmöglichkeiten – ebenso eingetragen ist wie Hindernisse auf dem Wasser und die optimalen Fahrlinien für Paddler unter Berücksichtigung von Naturschutzgebieten, Wasserskirevieren usw.

Für Touren durch einsame Wildnisgebiete (aber natürlich nicht nur dort) sind gute **topografische Karten** nötig, um jederzeit die eigene Position zu kennen und den Fluss einschätzen zu können. Sie helfen bei der Suche nach Zeltplätzen und geben Aufschluss über die Landschaft um Sie herum.

Wenn Sie durch einen Wirrwarr von Flussarmen oder Inseln paddeln, sollten Sie immer Ihre Position kontrollieren. Genaue Karten geben auch Auskunft über das Gefälle des Flusses oder die Fließverbindungen innerhalb einer Kette von Seen.

So kann man, ohne die Stellen im Fluss vorher gesehen zu haben, schon erahnen, wo sich Stromschnellen verbergen. Im Beispiel ist der Wasserspiegel der ersten beiden Seen gleich, sodass zwischen ihnen bei „C" keine Schwierigkeiten zu erwarten sind. Bei „D" muss eine große Stromschnelle oder ein Wasserfall sein, da der dritte See wesentlich niedriger liegt.

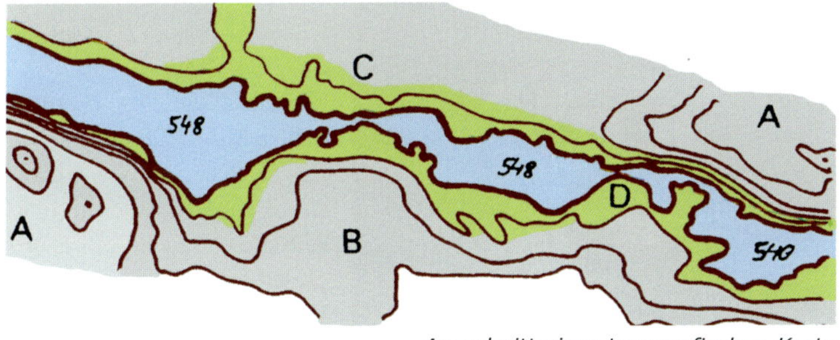

Ausschnitt einer topografischen Karte

Auf dem Kartenausschnitt wird durch die Höhenlinien auch deutlich, dass Sie bei den Punkten „A" kaum Möglichkeiten zum Anlanden finden werden, während es sich bei „B" schon eher lohnt, nach einem Zeltplatz zu suchen.

Neben den **topografischen Karten** ist der **Kompass** ein wichtiger Begleiter, wenn es in einsame Gegenden geht. Eine verwirrende Vielfalt kleiner Inseln, wie etwa im westlichen Schärengebiet Südschwedens, kann leicht zu Orientierungslosigkeit führen. Zusätzlich zum Kompass bietet hier auch ein **GPS-Gerät** oder eine entsprechende App auf dem Handy gute Unterstützung.

☺ Lernen Sie vor Antritt einer Reise in derartige Gegenden unbedingt, mit Karte, Kompass und GPS umzugehen.

🕮 **Karte • Kompass • GPS,** Reinhard Kummer, OutdoorHandbuch Band 4, Basiswissen für draußen, Conrad Stein Verlag, ISBN 978-3-86686-685-0, € 8,90

🕮 **GPS: Grundlagen • Tourenplanung • Navigation** von Michael Hennemann, OutdoorHandbuch 375, Basiswissen für draußen, ISBN 978-3-86686-495-5, € 9,90

Vorschriften, Seezeichen und Betonnung

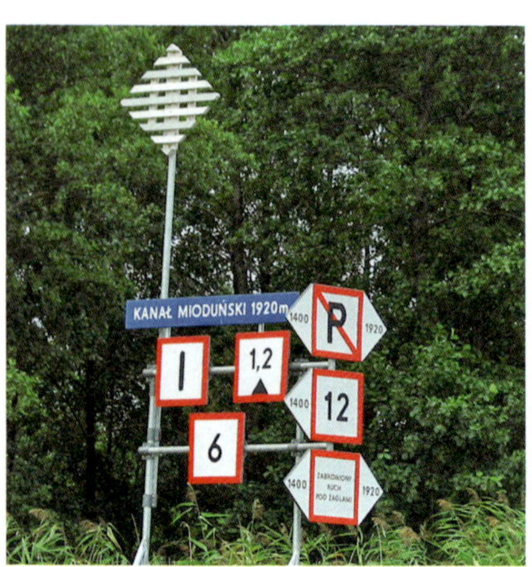

Schilder und Seezeichen

Als Kanute auf Seen und Flüssen sind Sie Verkehrsteilnehmer und unterliegen als solcher – zumindest auf den ausgewiesenen Bundeswasserstraßen – der Binnenschifffahrtsordnung. Kanus fallen hier in die Kategorie der muskelbetriebenen Kleinstfahrzeuge. Eine Übersicht mit den für Deutschland festgelegten Sichtzeichen und Schallsignalen finden Sie im Anhang. Das Seerecht ist kompliziert und so gibt es für viele Bereiche – z. B. Grenzflüsse und Kanäle – noch einmal Sonderzeichen.

▷ Seit 1995 sind Kanus laut Binnenschifffahrtsordnung von der Führung eines **amtlichen Kennzeichens** befreit. Dennoch ist eine **Kennzeichnung** von Kanus auf öffentlichen Schifffahrtsstraßen vorgeschrieben. Dazu gehört, dass der Name des Bootes gut lesbar in mind. 10 cm großen Buchstaben außen auf beiden Seiten des Bootes angebracht wird. Bei der Namensgebung sind der Fantasie keine Grenzen gesetzt – achten Sie auf eine standesgemäße Bootstaufe. Außerdem müssen Name und Anschrift des Bootseigners gut lesbar außen oder innen angebracht sein.

▷ Viele **Regeln des Schiffsverkehrs** sind auch aus dem Straßenverkehr bekannt (Rechtsverkehr, rechts vor links) und viele Schilder erklären sich von selbst. Kleinstfahrzeuge, und dazu gehören alle Kanus, müssen aber allen anderen größeren Schiffen grundsätzlich **Vorfahrt** gewähren. Bei Begegnungen wird stets nach rechts ausgewichen, es sei denn, es werden andere Signale gegeben oder die Umstände lassen es nicht zu. Unter Wasserfahrzeugen gilt: Fahre einen klaren und erkennbaren Kurs, damit der Gegenüber erkennt, ob und wohin ausgewichen wird.

▷ Bei Kleinstfahrzeugen unter sich müssen diejenigen mit **Motor** (bis max. 5,50 m Länge, z. B. Angelboote) allen anderen weichen. Diejenigen ohne Motor, also z. B. Kanus, müssen Seglern Vorrang gewähren und sind untereinander gleichberechtigt. Im Zweifel bedenken Sie – Sie sind das schwächste Glied in der Kette und in der Regel relativ schlecht zu sehen. Fahren Sie also vorausschauend und bestehen Sie nicht auf Ihre Vorfahrt.

▷ **Grüne und rote Tonnen** markieren das offizielle **Fahrwasser/Fahrrinne**. Die grünen stehen immer auf der linken Seite, wenn man mit der Strömung flussab fährt oder sich auf dem Meer von der Küste entfernt. Kanus halten sich wenn möglich aus der Fahrrinne, also dem Bereich zwischen der grünen und roten Tonne, heraus. Geht es nicht anders, fahren Sie hintereinander am rechten Rand der Fahrrinne. Müssen Sie die Fahrrinne kreuzen, durchqueren Sie sie rechtwinklig auf dem kürzesten Weg.
Große Schiffe sind von der Geschwindigkeit her manchmal schwer einzuschätzen. Warten Sie lieber einen Moment länger und kreuzen Sie im Zweifel erst hinter dem Schiff. Die Fahrzeuge im Fahrwasser und **Berufsschifffahrt** haben immer Vorfahrt.

▷ Auf Seen sind Sperrgebiete meistens durch **gelbe Tonnen** oder Stangen gekennzeichnet. Auch ein diagonales gelbes Kreuz hat dieselbe Bedeutung. Gelbe Streifen auf weißem Grund bedeuten ein Sperrgebiet nur für motorbetriebene Fahrzeuge. Aus welchem Grund diese Flächen gesperrt sind, ist meistens auf der Landkarte ersichtlich. Bei militärischen Sperrgebieten ist besondere Vorsicht geboten, es kann aber Passierzeiten geben. Informieren Sie sich rechtzeitig.

Viel befahrene Routen werden auch zunehmend durch Tonnen gekennzeichnet, um das Auffinden von Passagen zu erleichtern.

▷ Wichtige **Verkehrsschilder** für Paddler: Die rot-weiß-rote Tafel, die an die österreichische Flagge erinnert, bedeutet, dass hier die **Durchfahrt** für alle Wasserfahrzeuge **verboten** ist. Die schwarz-weiß gestreifte Raute zeigt an Seen die Einfahrt in einen Kanal, Fluss oder **Übergang** in einen anderen See an. Eine kleine weiße Fähre auf blauem Grund weist auf eine nicht frei fahrende Fähre hin. Bei **Seilfähren** ist zu beachten, dass vor und hinter der Fähre ein Stahlseil aus dem Wasser ragt – halten Sie hier einen ausreichenden Sicherheitsabstand ein und warten Sie, bis die Fähre das Ufer erreicht hat.

Seilfähre

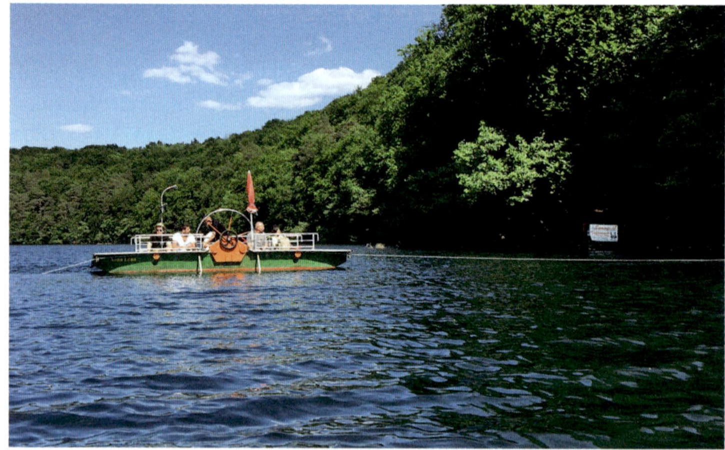

▷ Regionale **Durchfahrtsbeschränkungen** z. B. in Nationalparks, bei zu niedrigen Wasserständen oder bei Flüssen und Seen in Privatbesitz müssen natürlich auch von Kanuten beachtet werden. Wie Sie im Vorfeld solche Vorschriften erfahren können, können Sie im Kapitel ☞ Recherche, Vorbereitung und Information unterwegs nachlesen.

▷ **Badestellen** sind als Landeplätze nicht geeignet und es wird auch nicht gern gesehen. Geht es einmal nicht anders, fahren Sie äußerst langsam und vorsichtig am Rand des Areals und achten Sie auf Schwimmer und spielende Kinder.

▷ Was **Schallzeichen** angeht, sind für Kanuten vor allem diese beiden wichtig: „**Maschine läuft rückwärts**" wird angezeigt durch 3 x kurzes Hupen. Hören Sie dieses Signal, entfernen Sie sich aus dem Heckbereich eines Motorschiffes. Das Tonsignal kurz – lang (unablässig wiederholt) bedeutet „**Bleib weg**!" und ist ein Notsignal der letzten Sekunde. Hören Sie dieses, ist Eile geboten – begeben Sie sich augenblicklich aus der Gefahrenzone. Wenn es dieses Signal setzt, kann das hupende Schiff selbst nicht mehr ausweichen.

Paddeln im Team

Sind Sie in einem 2er- oder 3er-Kanu unterwegs, praktizieren Sie automatisch Teamarbeit – Sie sitzen schließlich buchstäblich im gleichen Boot. Je länger Sie gemeinsam unterwegs sind, umso eingespielter funktionieren alle Manöver. Für den Anfang allerdings ist es wichtig, sich auf unmissverständliche Kommandos zu einigen. So könnte ein vom Vordermann gerufenes „Achtung links!" bedeuten, dass links vom Boot ein Stein aufgetaucht ist und ein Manöver nach rechts gefahren werden muss oder aber dass ein schnelles Ausweichen nach links erforderlich ist. Einigen Sie sich also unbedingt darauf, wie Sie es im Boot handhaben wollen. Wenn wir nur links oder rechts rufen, bedeutet das immer, dass in diese Richtung ausgewichen werden muss.

Kommandos, die vorkommen:
▷ Notstopp
▷ Hinderniswarnung an den Steuermann/-frau
▷ Steuerkommandos an die „Crew"

Wenn Sie in einer Gruppe mit mehreren Booten unterwegs sind, sollten Sie sich auf klare Signale und eine Fahrformation einigen. Anders als bei der Kommunikation im Boot, können Sie sich nicht darauf verlassen, dass Sie gehört und verstanden werden, wenn Sie rufen. Wind, Welle und Regen bilden schnell eine Geräuschkulisse, die nur schwer zu durchdringen ist. Ergänzen Sie daher Ihr Rufen durch gut erkennbare **Sichtzeichen**:

▷ Liegt ein Wehr oder eine Stromschnelle vor Ihnen, zeigt das erste Boot mit dem erhobenen Paddel an, wo die sichere Passage zum Befahren ist (links, Mitte, rechts).

▷ Gibt es keine sichere Route oder ist die Situation unklar, bedeutet ein quer hochgehaltenes Paddel „Stopp!". Nun sollten sich alle Boote sammeln, um das weitere Vorgehen in Ruhe zu besprechen.

▷ Ein Paddler, der mit senkrecht nach oben zeigendem Paddel winkt, benötigt Hilfe. (Ohne Paddel winkt er mit beiden Armen.)

▷ Ein senkrecht nach oben gehaltenes Paddel bedeutet Sammeln und Kanufloß bilden.

Unterstützt werden diese Zeichen auch durch den Einsatz einer Signalpfeife, die immer besser zu hören ist als Rufe.

Damit alle die Sichtzeichen sehen können, sollten größere Bootsgruppen versetzt hintereinanderfahren, sodass das vordere Boot jeweils die Bugspitze des nachfolgenden Bootes durch einfaches Zur-Seite-Wenden noch erkennen kann. Diese Formation ist bei engen und verwundenen Flüssen natürlich nicht immer möglich. Hier bleiben Sie möglichst eng zusammen, lassen aber gleichzeitig zwischen den Booten genug Raum zum Manövrieren. Dass der Abstand zwischen den Booten nicht zu groß wird, liegt in der Verantwortung des voranfahrenden Bootes.

Die erfahrensten Paddler der Gruppe nehmen die anderen Boote immer zwischen sich – das letzte Boot darf niemals einfach die langsamste und unerfahrenste Crew sein.

Übernachtung

Grundsätzlich sind bei einer Kanuwanderung die Übernachtungsmöglichkeiten so vielseitig, wie bei jeder anderen Trekkingtour. In bewohnten Gebieten können Sie sogar in **Pensionen** oder **Hotels** unterkommen. Hier sollten Sie aber unbedingt vorab klären, ob es eine gute Möglichkeit gibt, Ihre Boote sicher unterzubringen.

Campingplätze in gut besuchten Kanurevieren bieten meist eine eigene Einsatzstelle und halten Kanuständer vor, wo man seine Boote gut über Nacht lagern kann. Gerade für Kajakfahrer bietet es sich an, die Boote direkt neben den Zelten abzuladen, da man die Seekästen wunderbar als Gepäckaufbewahrung nutzen kann, und wer mit Hund paddelt, hat hier gleich eine gute Möglichkeit, die Leine zu befestigen.

Auch **Sportboothäfen** bieten in aller Regel die Möglichkeit an, ein Zelt aufzubauen und die sanitären Einrichtungen zu nutzen.

In vielen Gebieten Europas – vor allem auch in Skandinavien – halten die Gemeinden **Biwakplätze** für Wasserwanderer vor. Diese sind von der Ausstattung her denkbar einfach. Eine Zeltwiese gibt es immer. Dazu je nachdem noch eine Feuerstelle, ein Plumpsklo, Sitzbänke und mit Glück auch einen Wasserhahn. Für durchschnittlich € 5 pro Zelt kann man hier sehr günstig und ursprünglich übernachten. Häufig sind diese Plätze besonders schön, zum Teil sind sie nur über Wasser zu erreichen.

Wildbiwak am Allier, Frankreich

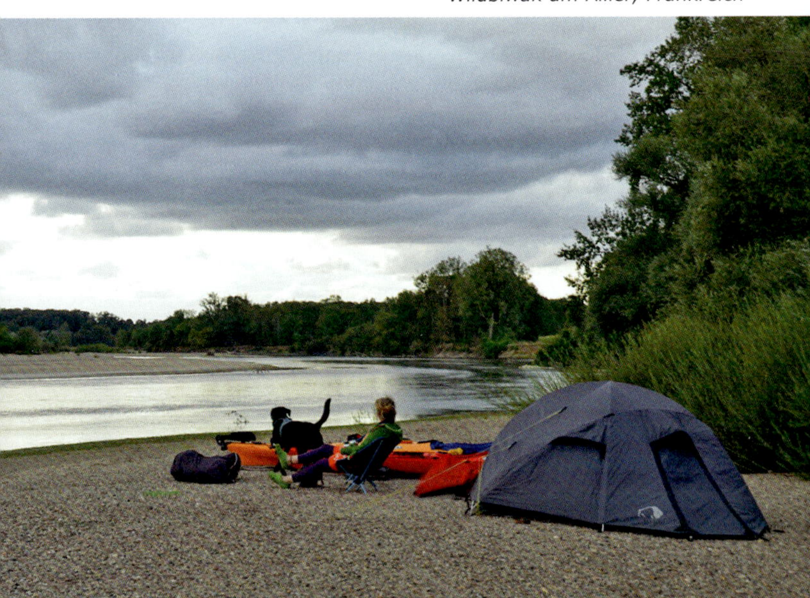

Alle diese Übernachtungsmöglichkeiten haben natürlich den Vorteil, dass sie auf der Karte eingezeichnet sind und Sie Ihre Etappen entsprechend genau planen können. Sind Sie in Gebieten unterwegs, die nur dünn besiedelt sind und nur eine schwache touristische Infrastruktur bieten, kann es nötig werden, dass Sie sich einen **Wildbiwakplatz** suchen müssen. Wir fangen in so einem Fall ca. 2 Stunden, bevor wir definitiv nicht mehr paddeln wollen, an, nach einem geeigneten Platz zu suchen. So ist man weniger unter Druck und muss nicht die erstbeste Möglichkeit ergreifen. Folgende Punkte gehören für uns zu einem guten Platz:

▷ Gibt es eine Aussatzmöglichkeit, ohne die Uferböschung zu beschädigen?
▷ Gibt es eine ausreichend große Fläche fürs Zelt? Bitte keine Büsche oder Bäume fällen!
▷ Ist der Zeltplatz sicher vor ansteigendem Wasserspiegel? So wäre ein ausgetrockneter Nebenarm kein geeigneter Platz! Häufig sieht man auch an der Uferstruktur, wie hoch das Wasser schon gestanden hat.
▷ Wenn Sie ein Haus sehen können, fahren Sie weiter. Sollte es bereits dämmern und es bleibt Ihnen keine andere Wahl, dann fragen Sie die Anwohner, ob und wo Sie für eine Nacht zelten dürfen.
▷ Gibt es Tierspuren z. B. von Rindern oder Bären, ist dieser Platz vermutlich ungeeignet.

Wenn Sie am nächsten Morgen den Platz wieder verlassen und er sieht genauso aus wie am Abend zuvor, haben Sie alles richtig gemacht (☞ Auf Tour, Leben in der Natur).

In den meisten Ländern ist das wilde Zelten grundsätzlich nicht erlaubt. Es wird aber in der Regel toleriert, wenn man verantwortungsbewusst mit der Natur umgeht und keine alternativen Übernachtungsmöglichkeiten bestehen. Nutzen Sie bitte, wo vorhanden, immer die angebotenen Camping- oder Biwakplätze. Auch im eigenen Interesse – nichts schmälert die Laune so sehr wie eine nächtliche Räumung durch die Polizei.

Wasser

Um die Seen und Flüsse nach Möglichkeit nicht zu verschmutzen, wäscht man sich und das Geschirr in einiger Entfernung vom Ufer. Dazu nehmen wir gern eine

Faltschüssel (z. B. von Ortlieb), in der wir das Flusswasser zum Waschen schöpfen. Alternativ oder ergänzend kann man auch gut einen **Faltwassersack** nutzen. Er sieht genauso aus wie ein Kleidersack, hat aber unten einen Hahn. Hängt man ihn in einen Baum, hat man eine Dusche und einen Wasserhahn zum Abwaschen. Beim Baden im See ein Stück Seife mitzunehmen, ist eine unnötige Gewässerbelastung. Um Töpfe abzuwaschen, reicht oft auch Sand anstelle von Spülmittel.

☞ Leben in der Natur

Trinkwasser sollten Sie stets in ausreichender Menge mit sich führen. Sind Sie in Gebieten unterwegs, wo Sie nicht überall Trinkwasser aus dem Hahn oder dem Supermarkt bekommen können, sollten Sie diese Vorsichtsmaßnahmen beachten:

▷ Entnehmen Sie kein Wasser aus kleinen, stehenden Gewässern. Wenn Sie Trinkwasser aus der Natur schöpfen, sollte dies möglichst aus Fließgewässern oder großen Seen erfolgen.
▷ Salz- oder Brackwasser ist nicht geeignet.
▷ Städte, Fabriken, aber auch landwirtschaftlich genutzte Flächen (Acker und Weideflächen) sind Hinweise darauf, dass das Wasser belastet sein könnte.
▷ Trinkwasser darf nicht stinken.
▷ Wasserflöhe und andere Schwebeteilchen müssen kein Ausschlusskriterium sein. Wasserflöhe deuten tatsächlich eher auf eine höhere Wasserqualität hin.
▷ Je kälter das Wasser, desto besser.

Informieren Sie sich unbedingt vor Ihrer Tour, ob das Wasser im Zielgebiet grundsätzlich zum Trinken geeignet ist. Um sicherzugehen, können Sie das Wasser vor dem Trinken – und Zähneputzen – behandeln. Auch in der schwedischen Wildnis kann ein in Ufernähe verendetes Tier das Wasser z. B. mit E.-coli-Bakterien stark belasten. Für die Aufbereitung von Trinkwasser bieten sich diese Möglichkeiten:

▷ Chemische Reinigung in Form von Tabletten, z. B. Certisil oder Micropur
▷ Wasserfilter, z. B. Katadyn oder Sawyer

- ▷ UV-Licht, z. B. SteriPEN
- ▷ Abkochen: Beachten Sie, dass das Wasser mind. 10 Min. kochen muss.

Alle Methoden helfen gegen biologische Belastung. Gegen eine chemische Verunreinigung hilft nur ein Filtersystem mit Aktivkohle. Wenn Sie Schwebeteilchen im Wasser nicht mittrinken wollen, müssen Sie das Wasser zusätzlich zu den anderen Methoden noch einmal filtern.

Essen

Zum Thema Essen gibt es so viele Meinungen, wie es Wanderpaddler gibt. Grundsätzlich gilt: Nur weil man unterwegs ist, muss man nicht in Askese leben. Im Kanu ist für die ein oder andere Leckerei immer noch ein Plätzchen zu finden. Hier ein paar Tipps, die die Planung erleichtern mögen:

- ▷ Alle Lebensmittel, die nicht aus dem Kühlregal des Supermarktes stammen, können bedenkenlos mitgenommen werden. Frisches Obst und Gemüse sollte beim Fahren möglichst unten im Boot gelagert werden, da es durch die Wasserkühlung länger hält.

- ▷ Oft ist die **Verkaufsverpackung** nicht strapazierfähig genug oder lässt sich nach Öffnung nicht wieder vernünftig verschließen. Das gilt z. B. für Reis, Nudeln, Bulgur & Co., aber natürlich auch für Kaffee oder Flüssigseife. Teebeutel wollen wasserdicht verpackt sein. Käse und Schokolade wollen bei heißen Temperaturen gegen Auslaufen gesichert sein. Gläser sind schwer, können brechen und dann andere Ausrüstungsteile beschädigen. Diese Dinge füllen wir um. Dazu eignen sich wiederverwendbare Ziploc-Beutel aus dem Supermarkt, Weithalsflaschen aus dem Outdoorbedarf oder Tupperdosen. Überlegen Sie beim Umfüllen gleich, wie viel Sie jeweils benötigen. Achtung, Paddeln und das Leben an der frischen Luft machen Appetit!

- ▷ Wer längere Zeit ohne Einkaufsmöglichkeit überbrücken muss oder schlicht keine große Lust hat, zu kochen, kommt an **dehydrierten** Mahlzeiten und Lebensmitteln nicht vorbei. Im Outdoorhandel gibt es eine große Auswahl an Fertigmahlzeiten im Angebot, die mit extrem wenig Wasser und Energieaufwand zu einer ausgewogenen und durchaus leckeren Mahlzeit führen.

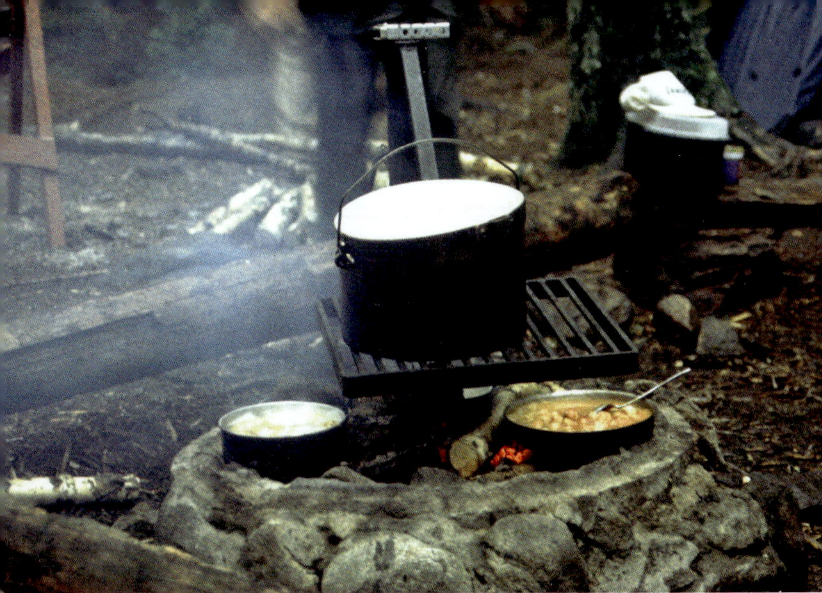

Kochen überm Lagerfeuer

Leider sind diese allerdings auch relativ teuer. Günstiger fährt man mit dehydrierten Fertiggerichten von Maggi, Knorr & Co. aus dem Supermarkt (Pasta-/Reisgerichte aus der Tüte). Wer möglichst leicht unterwegs sein möchte, sollte Milchpulver für das morgendliche Müsli im Gepäck haben.

▷ Wie viele Mahlzeiten Sie benötigen und ob Sie gerne mittags oder lieber abends warm essen, muss natürlich jeder Paddler für sich entscheiden (und das Boot morgens entsprechend packen). Für unterwegs sollte aber auf jeden Fall immer unkompliziert ein kleiner **Snack** griffbereit sein. Dieser wirkt Wunder, wenn es mal nicht so läuft wie geplant. Und ein Stück Schokolade beendet zwar nicht den Gegenwind, sorgt aber für den nötigen Durchhaltewillen.

▷ Bitte beachten Sie schon bei der Planung der Mahlzeiten, dass Sie möglichst wenig **Müll** in die Natur tragen. Da nicht überall und immer die Möglichkeit der Müllentsorgung besteht, müssen Sie auch den kompletten Müll im Kanu transportieren.

▷ Bei der **Planung** der Mahlzeiten für die Reise schauen Sie bereits, wo jeweils die nächste **Einkaufsmöglichkeit** besteht, bei der frische Sachen nachgekauft werden können. Die Reihenfolge der Mahlzeiten ergibt sich daraus, welche Zutaten zuerst verderben.

- **Kochen aus Rucksack und Packtasche** von Nicola Boll, OutdoorHandbuch Band 8, Basiswissen für draußen, Conrad Stein Verlag, ISBN 978-3-86686-693-5, € 10,90
- **Vegetarisch kochen** – Einfache Rezepte für unterwegs von Michael Hennemann, OutdoorHandbuch Band 466, Basiswissen für draußen, Conrad Stein Verlag, ISBN 978-3-86686-674-4, € 9,90
- **Kochen ultraleicht – Ausrüstung • Proviant • Rezept**e von Stefan Kuhn, OutdoorHandbuch Band 424, Basiswissen für draußen, Conrad Stein Verlag, ISBN 978-3-86686-578-5, € 9,90
- **Kochen 4** – Kulinarisches aus der Kochkiste von Joey Menzel, OutdoorHandbuch Band 214, Basiswissen für draußen, Conrad Stein Verlag, ISBN 978-3-86686-214-2, € 8,90

Hund an Bord

Hunde im Kanu – das mag auf den ersten Blick nicht unbedingt zusammenpassen. Wir haben die Erfahrung gemacht, dass man auf seinen Hund nicht zwingend verzichten muss. Wenn der Hund einigermaßen seefest ist und angstfrei auf schaukelnde Fahrzeuge steigen kann, muss er nicht zu Hause bleiben. Es erfordert allerdings ein wenig Vorbereitung.

▷ Bevor Sie auf große Fahrt gehen, testen Sie auf Tagestouren aus, ob Ihr Hund Spaß an der Seefahrt hat. Ein Hund, der Angst hat, hat im Kanu nichts verloren.

▷ Wie auch der Kanute braucht auch der Hund eine gewisse Grundausstattung. Dazu gehören im Kanu: Schwimmweste, Geschirr, Regenschutz. Fürs Camping braucht man: Leinenanker, Isomatte, Handtuch, Napf, Zeckenzange und Kälteschutz (Decke oder Hundeschlafsack).

▷ Im Boot darf der Hund niemals angeleint sein, damit er im Falle einer Kenterung problemlos aus dem Boot kommt und an Land schwimmen kann.

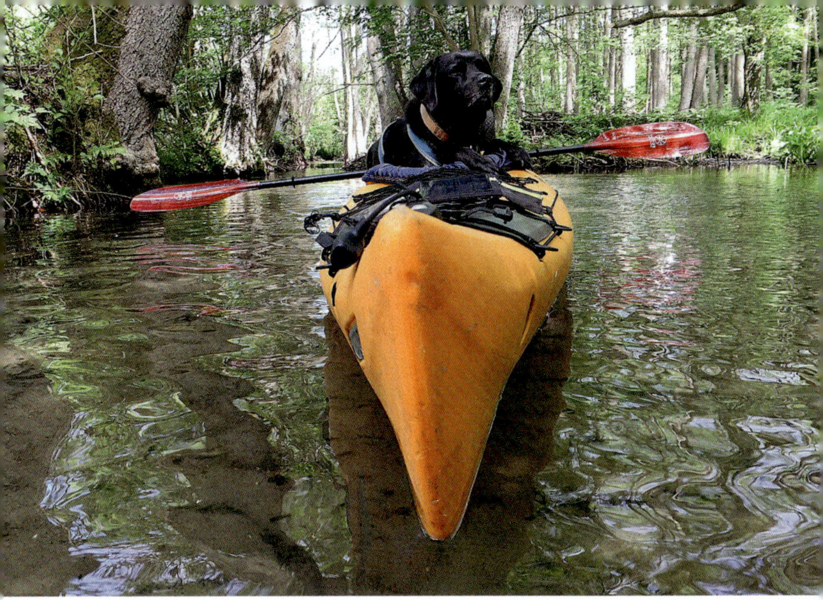

Paddelgefährte Floyd

Er sollte im Boot immer ein Geschirr bzw. eine Hundeschwimmweste tragen, damit man ihn daran im Fall der Fälle aus dem Wasser ziehen kann.

- Damit der Hund einen gemütlichen Platz im Boot bekommt, ist ein bisschen Kreativität gefragt. Für unseren Hund ist wichtig, dass er über den Süllrand schauen kann, da er sonst seekrank wird.

- Achten Sie auf regelmäßige Pausen, damit Ihr Hund sich die Beine vertreten kann. Besonders an sehr sonnigen Tagen sollte über die Mittagszeit eine ausgiebige Siesta an einem schattigen Plätzchen abgehalten werden.

Glossar

Aktive Paddelseite: die Seite des Paddels, auf der der Wasserdruck beim Paddelschlag lastet

Backbord: in Fahrtrichtung linke Schiffsseite, ggs. Steuerbord

Bogenschlag: Bei diesem Schlag wird das Paddel in einem weiten Bogen geführt; das Boot bewegt sich von der Paddelseite weg.

Boot-über-Boot-Rettung: Zum Entleeren des vollgelaufenen Bootes werden das rettende und das gekenterte Boot in einem 90°-Winkel zueinander gelegt. Das kieloben schwimmende Boot wird über die Mitte des anderen Bootes gehoben und läuft dabei leer.
Liegt es mittig auf dem Rettungsboot, kann es umgedreht und ins Wasser abgesetzt werden. Diese Methode ist gut, funktioniert aber nur bei nicht voll beladenen Kanus.

Bootsrutschen oder -gassen: Dies sind speziell für Paddler gebaute Abschnitte einer Stauanlage, über die ausreichend Wasser abfließt, sodass sie mit dem Kanu befahren werden können. Bei größeren Anlagen wird die Bootsgasse auf Anforderung geflutet und eine Ampel gibt grünes Licht für die Durchfahrt.

Bootsschleppe: mit Gummimatten/Rollen ausgestattete Strecke zum Ziehen des Bootes über Land

Bug: vorderes Ende des Bootes, ggs. Heck

Buhne: ein Damm, der rechtwinklig zum Uferverlauf in ein Gewässer ragt und dem Küstenschutz oder dem Flussbau dient

Dollbord: obere Bootskante. Bei den offenen Kanadiern sind Dollbord und Süllrand praktisch identisch.

Doppelpaddel: Das Doppelpaddel wird bei Kajaks eingesetzt und besteht aus einem Schaft, an dessen beiden Enden sich je ein Paddelblatt zur Übertragung der Kraft auf das Wasser befindet.

Echowelle: Wellen, die von einem steilen Ufer, wie z. B. einer Spundwand, zurückgeworfen werden und sich mit anderen Wellen überlagern

Fahrwasser: Grüne und rote Tonnen markieren das Fahrwasser einer Schifffahrtsstraße. Die grünen stehen immer auf der linken Seite, wenn man mit der Strömung flussab fährt oder sich von der Küste entfernt. Die Fahrzeuge im Fahrwasser haben Vorrang. Kleinfahrzeuge müssen trotzdem der Berufsschifffahrt ausweichen.

Faltwassersack: Er sieht wie ein Kleidersack aus, besitzt aber am unteren Ende einen Hahn. Hängt man ihn in einen Baum, hat man eine Dusche und einen Wasserhahn.

Felgensüllrand: beim Kanadier der wulstförmige Rand der Persenning, über den die Spritzdecke gespannt wird

Fließgeschwindigkeit: Die Fließgeschwindigkeit eines Flusses hängt von der Wassermenge, dem Querschnitt (also Tiefe und Breite) und dem Gefälle ab. Je breiter und tiefer, desto langsamer fließt der Fluss und umgekehrt. Je größer das Gefälle, desto schneller die Strömung und desto flacher ist das Wasser.

Freibord: Höhe des Schiffskörpers über der Wasserlinie an seiner flachsten Stelle. Ein beladener Kanadier sollte mind. 15 cm Freibord haben.

Gelbe Tonnen: Auf Seen sind Sperrgebiete meist durch gelbe Tonnen oder Stangen oder ein diagonales gelbes Kreuz gekennzeichnet. Gelbe Streifen auf weißem Grund bedeuten ein Sperrgebiet nur für motorbetriebene Fahrzeuge.

Gieren: seitliches Abweichen des Bootes vom Kurs durch Drehen um die Hochachse

Gleithang: Bezeichnung für flache Stellen bzw. das flache Ufer besonders in Innenkurven eines Flusses. Der Gleithang entsteht durch die Ablagerung von Schwemmteilchen des Flusswassers.

Joch: Vorrichtung im Kanadier zum Tragen des Bootes auf den Schultern

J-Schlag: Er ist der wichtigste Grundschlag im Kanadier. Mit ihm steuert man das Boot zu der Seite, auf der man selbst paddelt. Wenn Sie rechts sitzen, wird das Paddel vorne rechts senkrecht eingetaucht. Dazu führen Sie die linke Hand weit zur rechten Bootsseite herüber, damit das Paddel dicht am Boot geführt wird.
Nun ziehen Sie das Paddel nach hinten durch und beenden den Schlag, indem Sie die linke Hand nach außen drehen (der Daumen zeigt dabei nach unten). So kommt das Paddel parallel zum Boot zu stehen, und die rechte Hand kann es nach außen drücken, um das Boot nach rechts zu lenken. Für die linke Seite funktioniert das Ganze auch entsprechend.

Kabbelwasser: Bereich, in dem sich Wellen aus verschiedenen Richtungen überlagern und für unruhige See sorgen

Kajak: Das Kajak ist ein Sportpaddelboot. Es wird mit einem Doppelpaddel fortbewegt, hat ein geschlossenes Deck und man sitzt darin mit ausgestreckten Beinen auf einem flachen Sitz. Das Kajak ist schmaler als der Kanadier.

Kanadier: Offenes Sportpaddelboot mit großer Ladekapazität. Man benutzt das Stechpaddel und kniet im Boot oder sitzt mit angewinkelten Beinen. Der Sitz ist höher als beim Kajak. Das Boot ragt dementsprechend weiter aus dem Wasser und bietet eine größere Angriffsfläche für den Wind.

Kanu: allgemeiner Oberbegriff zu Kanadier und Kajak

Kehrwasser (engl. eddy): Hinter nicht überspülten Hindernissen in einem Fluss bildet sich diese Zone ruhigen, leicht flussauf strömenden Wassers. Zwischen dem Kehrwasser und dem Hauptstrom entsteht eine Wirbelzone.

Kiellinie: Linie vom Bug zum Heck an der tiefsten Stelle des Bootes.; als Formmerkmal die untere Bootskontur im Seitenriss

Kielsprung (engl. rocker): Bezeichnung für an der Kiellinie hochgezogene Bootsenden. Die Kiellinie ist gekrümmt, dadurch lässt sich das Kanu leichter steuern, giert aber mehr.

Kipppunkt: der Punkt, bis zu dem sich ein Boot zur Seite neigen kann, ohne zu kentern

Kleidersack: wasserdichter Sack aus Kunststoff, der durch Einrollen über eine Plastikkante verschlossen wird

Krängen: seitliches Neigen eines Bootes

Lee: die dem Wind abgekehrte (ruhige) Seite, ggs. Luv. ☺ Merksatz: Lee ist, wo es LEEr ist.

Lenzen: Wasser herauspumpen oder -schöpfen

Luv: die dem Wind zugekehrte (windige) Seite, ggs. Lee. ☺ Merksatz: Luv ist, wo die LUVt herkommt.

Paddelbrücke: wird zum Einsetzen und Anlanden angewendet. Das Paddel wird im rechten Winkel zum Boot über beide Süllränder und das Ufer gelegt, die Hände umgreifen den Paddelschaft und die Süllränder gleichzeitig. So entsteht ein fester Kontakt zum Ufer und erleichtert das Ein- und Aussteigen.

Paddelstütze: Paddeltechnik zur Stabilisation des Bootes, wenn es zu kippen droht. Das Paddel wird flach als Ausleger auf das Wasser gelegt und man stützt das Boot zurück ins Gleichgewicht.

Persenning: Schutzbezug aus stabilem Material, um offene Boote abzudecken. Bei Kanadiern bleiben Luken offen, die mit einer Spritzdecke oder Schürze vollständig verschlossen werden können. In manchen Ausführungen werden Persenning und Spritzdecke sinngleich verwendet.

Portage: Umtragung um ein Hindernis

Prallhang: Bezeichnung für ein steiles Ufer in der Außenkurve eines Flusses (mit meist tiefem Wasser und starker Strömung)

Rettungsdecke: Eine reißfeste, verspiegelte Folie, die Hitze reflektiert. Man kann sie um den Körper legen oder Notsignale mit ihr geben.

Schwell: Wellen, die durch vorbeifahrende Schiffe verursacht werden

Spant: Bauteil zum Verstärken der Außenwand von Schiffsrümpfen. Bei Kanus sind solche Verstärkungen in der Regel nicht nötig. Man spricht hierbei von Spant als gedachter Spantform, um den Querschnitt des Bootes zu charakterisieren.

Spiegelheck: stumpfes Heck eines Kanus zum Anbringen eines Außenbordmotors

Spitzenbeutel: keilförmiger Auftriebskörper, der in die Bootsenden gesteckt wird

Spritzdecke: Kunststoff- oder Neoprenschürze, die das Eindringen von Wasser in das Kanu verhindert. Sie deckt das Loch zwischen Persenning/Bootsdeck und Paddler ab.

Spundwand: eine wasserdichte, senkrechte Uferbefestigung, die meist in Kanälen oder Häfen zu finden ist

Stechpaddel: Paddel mit Paddelblatt, Schaft und Knauf am oberen Ende

Steuerbord: in Fahrtrichtung rechte Schiffsseite, ggs. Backbord

Steven: vorderes und hinteres Ende des Bootes. Bei einem aufgeholten Steven sind die Bootsenden nach oben gezogen, die Kiellinie verläuft gekrümmt.

Stromzunge: Freie Durchfahrt zwischen zwei Hindernissen in Form eines dunklen, flussab gerichteten „V“. Hinter einer Stromzunge bilden sich oft regelmäßige Widerwellen.

Süllrand: Lukeneinfassung

Tarp: eine reißfeste Plane mit Ösen, die als Sonnen- oder Regenschutz aufgespannt wird

Treideln: ein Wasserfahrzeug vom Ufer aus stromaufwärts ziehen oder stromabwärts gleiten lassen

Triebschläge: vorwärtstreibende Paddelschläge

Trimm: Lage eines Schiffes bezüglich Tiefgang und Schwerpunkt

Tumblehome: englische Bezeichnung für bauchige Bordwände, die Süllränder sind nach innen gezogen.

Umtragen: Transportieren des Kanus über Land, um einen nicht befahrbaren Flussabschnitt zu überwinden (auch Portage genannt)

Unterwasserschiff: der Teil des Bootes, der unter der Wasseroberfläche liegt

Walze: breiter Wasserstrudel, der besonders unterhalb von Wehren oder anderen gleichmäßig überronnenen Hindernissen entstehen kann. Alle Walzen stellen ein ernst zu nehmendes Hindernis für Kanufahrer dar.

Wanderpaddel: Paddel mit relativ kleiner Paddelfläche zum gleichmäßigen, kräfteschonenden Einsatz über größere Strecken

Wehre: Wehre sind Staustufen in einem Fluss oder zwischen Seen. Sie werden gebaut, um Wasser umzuleiten oder die Strömungsgeschwindigkeit zu reduzieren.

Widerwellen: regelmäßige Wellen unterhalb einer Stromschnelle, die tiefes Wasser andeuten

Wildwasserpaddel: Paddel mit relativ großer Paddelfläche, um mit wenigen Schlägen einen großen Einfluss auf den Kurs des Bootes nehmen zu können

Verbots-, Gebotszeichen und Einschränkungen

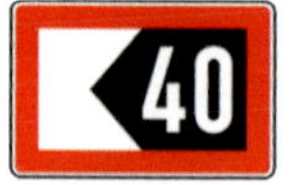

Abstand von Tafelzeichen halten (m)

Geschwindigkeitsbeschränkung (in km/h)

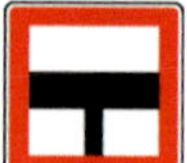

Vorfahrt der Hauptwasserstraße beachten

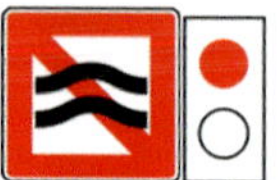

Sog und Wellenschlag vermeiden

Lichte Höhe ist begrenzt

Gesperrte Wasserflächen; Kleinfahrzeuge ohne Maschinenantrieb frei

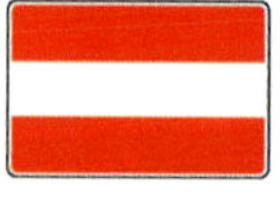

Verbot der Durchfahrt und Sperrung der Schifffahrt

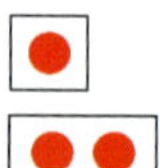
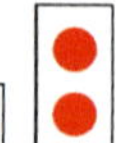

s. o.

s. o.

Ankerverbot

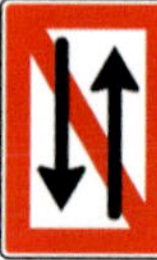

Begegnungsverbot an Engstellen

Festmacheverbot

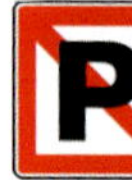

Stilliegeverbot

Vorgeschriebene Fahrtrichtung

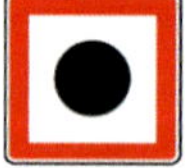

Schallzeichen geben

Anhalten

Besondere Vorsicht walten lassen

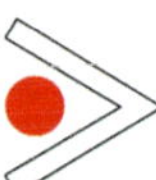

Verbot der Einfahrt in einen Hafen oder in eine Nebenwasserstraße (Lichtsignal)

Hinweiszeichen

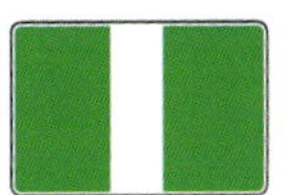
Erlaubnis zur Durchfahrt

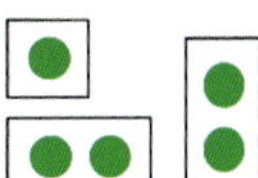
s. o.

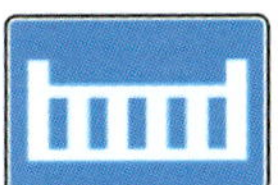
Wehr

Nicht frei fahrende Fähre

Wasserskistrecke

Segelsurfen erlaubt

Wassermotorradfahren erlaubt

Ende Verbot, Gebot oder Einschränkung

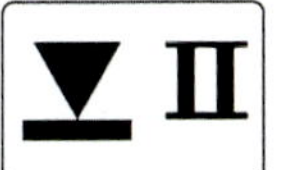
Hochwassermarke II, Einstellung der Schifffahrt

Feste Brücken

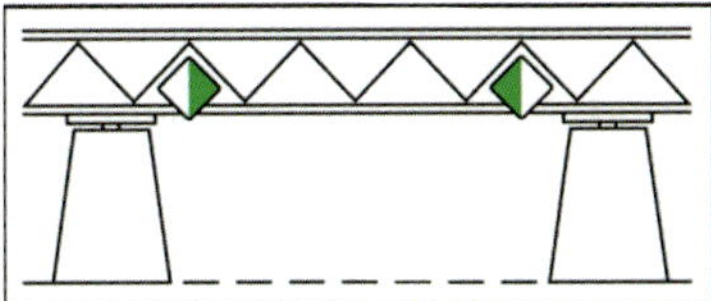
Durchfahrt innerhalb der Markierungen empfohlen

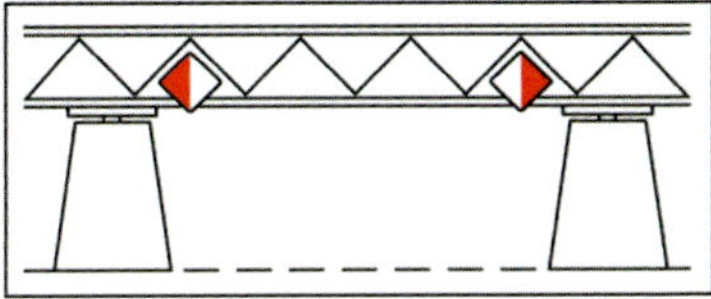
Durchfahrtsverbot außerhalb der Markierung

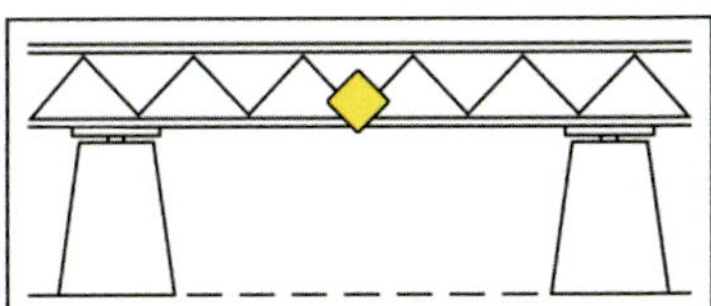
Empfohlene Durchfahrtsöffnung für Verkehr in beiden Richtungen

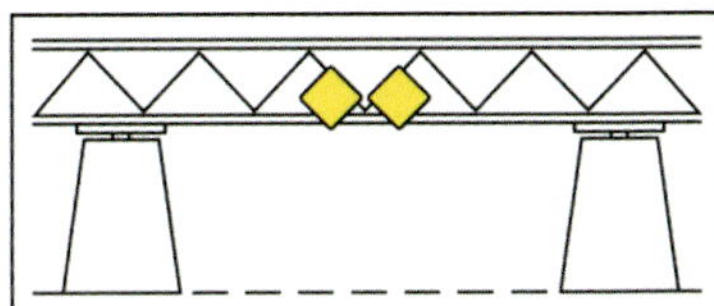
Empfohlene Durchfahrtsöffnung (Gegenverkehr gesperrt)

Bezeichnung der Wasserstraße

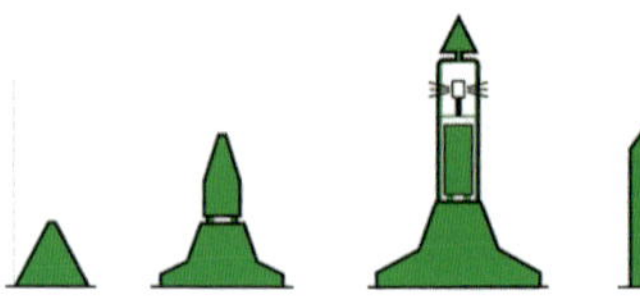

Linke Seite Fahrrinne (stromab)

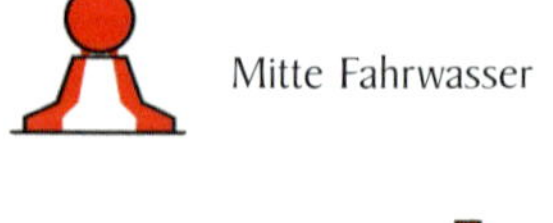

Mitte Fahrwasser

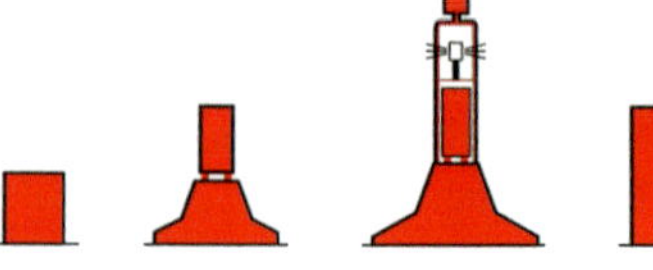

Rechte Seite Fahrrinne (stromab)

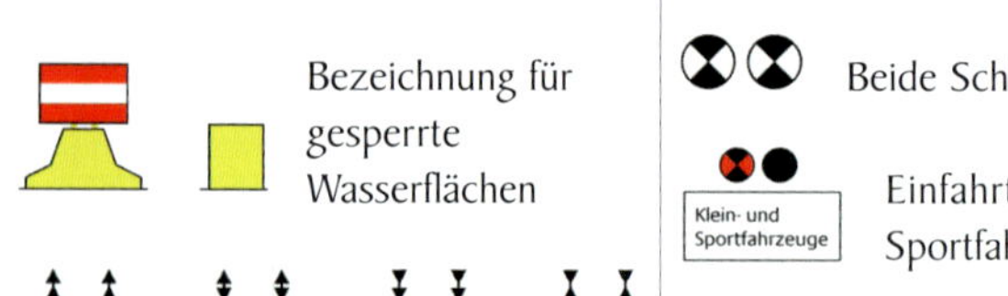

Bezeichnung für gesperrte Wasserflächen

Bezeichnung von gefährlichen Stellen und Hindernissen (Kardinalzeichen)

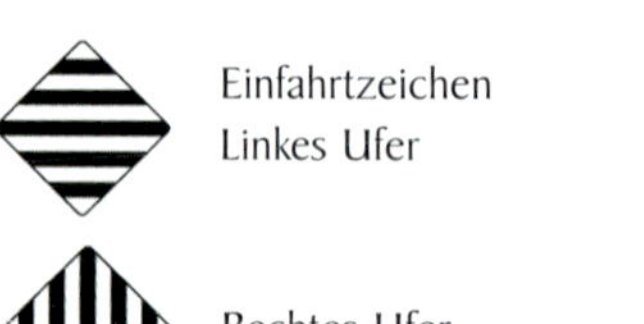

Einfahrtzeichen Linkes Ufer

Rechtes Ufer

Schleusen

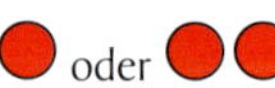

Einfahrt verboten (Schleuse geschlossen) oder Ausfahrt verboten

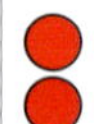

Außer Betrieb

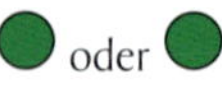

Einfahrt oder Ausfahrt erlaubt

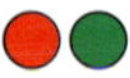

Einfahrt verboten, Öffnung der Schleuse wird vorbereitet

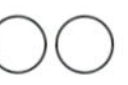

Bis zur Einweisung warten

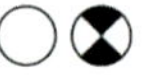

Rechte Schleuse benutzen

Beide Schleusen nutzbar

Klein- und Sportfahrzeuge

Einfahrt für Klein- und Sportfahrzeuge verboten

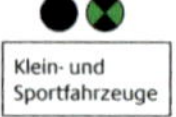

Einfahrt für Klein- und Sportfahrzeuge erlaubt

Bewegliche Brücken

Keine Durchfahrt (Brücke in Bewegung)

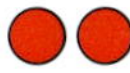

Keine Durchfahrt (Brücke geschlossen oder Gegenverkehr)

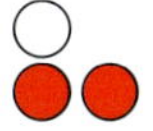

Brücke geschlossen oder Gegenverkehr. Durchfahrt frei, wenn die Durchfahrtshöhe dies mit Sicherheit zulässt

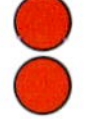

Keine Durchfahrt (Brücke gesperrt)

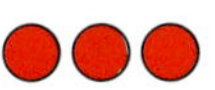

Keine Durchfahrt (Brücke geschlossen, sie kann vorübergehend nicht geöffnet werden)

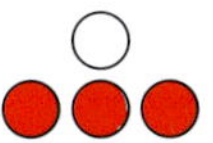

Brücke geschlossen, sie kann vorübergehend nicht geöffnet werden. Durchfahrt frei, wenn die Durchfahrtshöhe dies mit Sicherheit zulässt

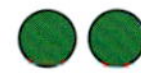

Durchfahrt frei (Brücke geöffnet)

Schallsignale der Großschifffahrt (ohne Kleinfahrzeuge)

▬	Achtung
●	Ich richte meinen Kurs nach Steuerbord
● ●	Ich richte meinen Kurs nach Backbord
● ● ●	Meine Maschine geht rückwärts
● ● ● ●	Ich bin manövrierunfähig
● ● ● ● ● ● – – –	Gefahr eines Zusammenstoßes (mehr als 5 sehr kurze Töne)
▬ ▬ ▬ – – – 🔔– – –🔔 🔔– – –🔔 🔔 – –	Notsignal (Wiederholte lange Töne oder Gruppen von Glockenschlägen)
● ▬ ● ▬	Bleib-weg-Signal (mind. 15 Min.)
▬ ●	Ich wende über Steuerbord
▬ ● ●	Ich wende über Backbord
▬ ▬ ●	Ich will auf Ihrer Steuerbordseite überholen
▬ ▬ ● ●	Ich will auf Ihrer Backbordseite überholen
● ● ● ● ●	Man kann mich nicht überholen
▬ ▬ ▬ ●	Ich will meinen Kurs nach Steuerbord richten
▬ ▬ ▬ ● ●	Ich will meinen Kurs nach Backbord richten
▬ ▬ ▬	Ich will überqueren

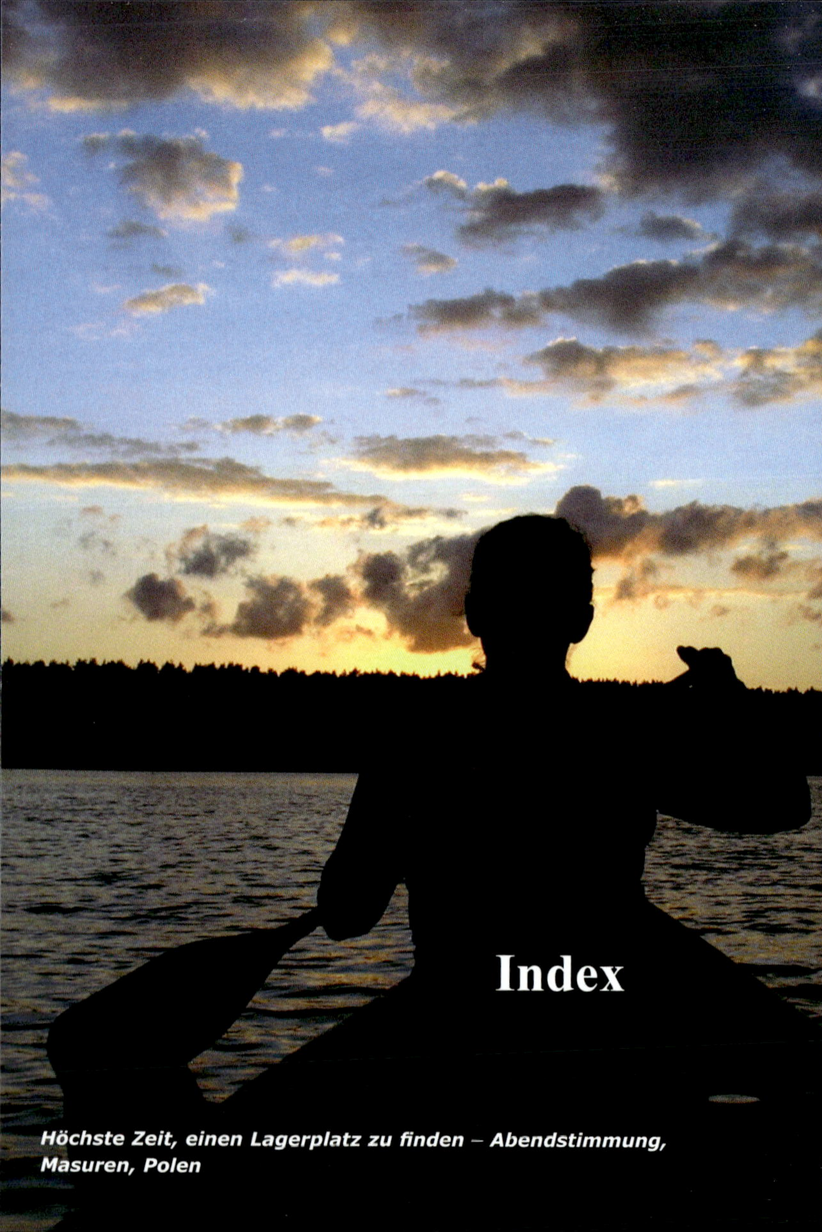

Index

Höchste Zeit, einen Lagerplatz zu finden – Abendstimmung, Masuren, Polen

A/B

C/D

E/F

G/H

K

L

M

N

O/P

R

S

T

U

V

W/Z